不過就是一隻狗在吠

悪口を言われても気にしない人の考え方

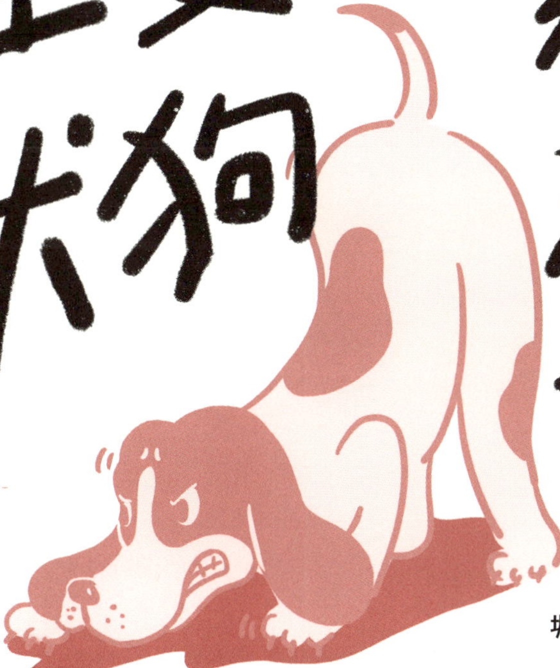

堀素子——著

高詹燦——譯

被人「說壞話」也不在意的思考方式

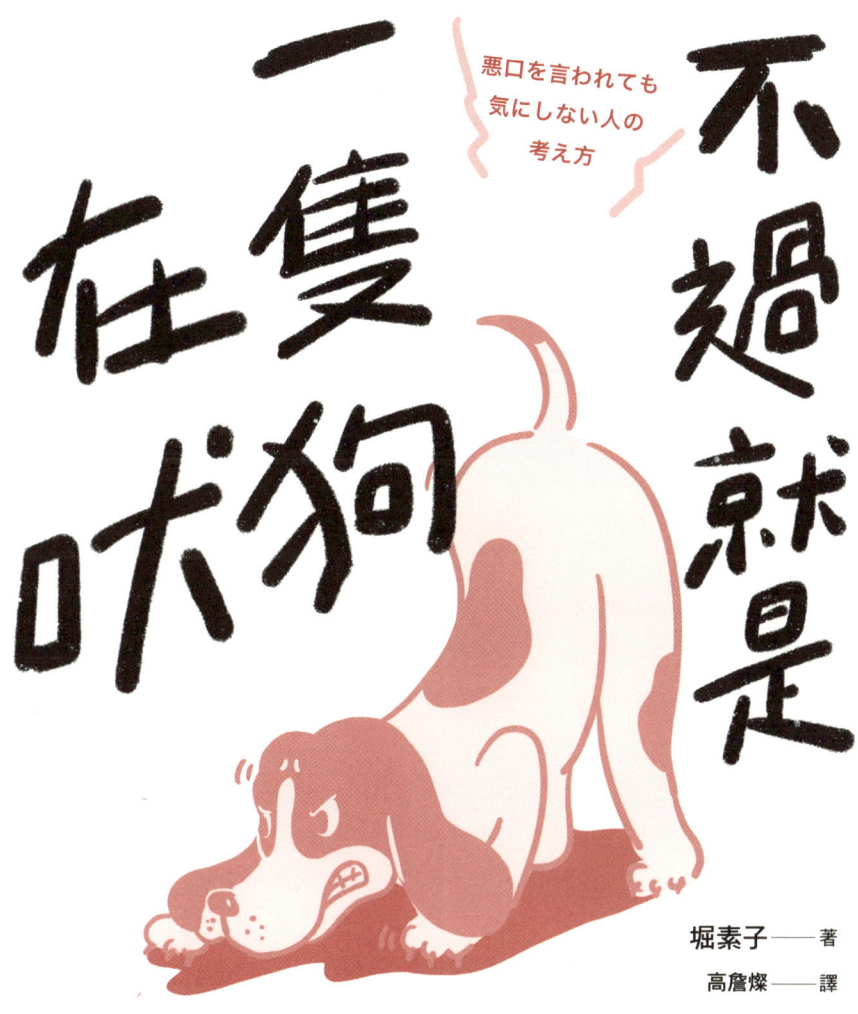

前言

你對現在的自己滿意嗎？
可以不在意別人的眼光，挑選自己喜歡的東西嗎？
當別人說你壞話，你也能不以為意嗎？

如果面對這些提問，你不能馬上回答「YES」，那麼，你拿起這本書絕非偶然。你改變今後人生的轉機已經到來。

以前的我，對這些問題全都回答「NO」。
我總是在意別人的眼光，不敢說出自己的意見。

因為害怕別人說我壞話，只要有人竊竊私語，就覺得「他們一定在說我壞話」，被害妄想上身，一聽到笑聲，就覺得「那一定是在笑我」，嚇得直發抖。「別去在意別人」，就算有人這樣告訴我，我也認定自己辦不到，而就此放棄。

這樣的我，因為東日本大震災而產生「我受夠這樣的自己了！」的念頭，第一次開始認真思考自己的人生。

大學攻讀心理學的我，認為「一定能從心理學當中得到啟發」，年過三十後，再次進入大學重拾書本。

我同時大量閱讀那些「勇於活得像自己」、「不在意別人的眼光，態度從容坦然」，亦即所謂「人生成功人士」的著作。

在閱讀這些書的過程中，我發現有個共通點。

每位作者儘管遭受別人的惡言中傷，也一點都不在意。別人是別人，我是我。只要心裡想「原來也有人是抱持這種想法」，就不會因為別人而攪亂自己的心境。

我要怎麼做，才能跟他們一樣呢？

我試著仔細思考自己與他們的差異。結果發現，問題不在於遺傳基因或成長環境等「自己無法改變的事物」，而在於像「思考方式、看待方式」這種「自己要怎麼改變都行的事物」。

八年前，想法負面，因人際關係而內心受創的我，現在已能坦然說出自己的意見，就算別人說我壞話，也不會因此心情低落，能平穩地控制自己的情緒。

我所執行的，並非嚴格的肌肉訓練、可疑的自我洗腦，也不是展開艱難的學習。就只是改變「思考方式、看待方式」。

所謂的思考，就像是大腦的「習慣」。要先發現「自己的思考習慣」，先暫時移除這樣的習慣。之後再養成新的習慣。

如此一再反覆後，「思考方式、看待方式」就會有明確的改變。

這本書中所寫的，是發現自己在不知不覺中養成的錯誤看待方式和思考方式，進而得知應對方法，加以付諸執行的內容。

三個月後，應該會發現自己的變化。而經過半年後，應該會對自己的思考徹底改變感到吃驚。

曾經抱持嚴重負面思考的我，正是最有力的證明。

開頭的提問，如果有人能馬上回答「ＹＥＳ」，你便是以前的我所憧憬，而且很想成為的形象。

在你的周遭，應該也會有像過去的我一樣，在意別人說自己壞話，為此痛苦煩惱的人，請務必要告訴對方「人生全看你自己，要怎麼改變都行」。並送對方這本書當禮物。

人生只有一次，無法重來。

你正是自己人生的主角，同時也是編劇。

從心裡想著「我要改變」的那一瞬間開始，不管是什麼樣的自己，都一定能改變。

請務必以本書作為你人生的「參考書」，如果能對你有所助益，將是我最大的欣慰。

堀素子

二〇二三年十二月

目次

前言 3

第1章
當別人說你壞話時，要先試著思考五件事

01 一切事物全憑「看待方式」而定 14
02 他也許是假裝成朋友的敵人 28
03 在社群網站上的惡意批評 43
04 就算別人說你壞話，也不會損及你的價值 50
05 試著針對壞話重新思考 65
COLUMN・1 78

第2章
就算別人說你壞話，也絕不能做的五件事

01 變得感情用事 84

02 用說壞話來還擊 93
03 當真了，會覺得自己很沒用而情緒低落 101
04 逃避現實 106
05 身陷負面的泥沼中，無法自拔 113
COLUMN・2 125

第3章 將壞話轉換成能量！

01 壞話是汽油！以四種類型來轉換成能量 130
02 擺架子的人的心理 149
03 人們會嫉妒的原因 160
04 別人邀你一起說壞話時的應對法 171
COLUMN・3 182

第4章

不向壞話認輸的思考法

01 「不提出反駁，感覺就像是認輸」你又沒輸任何人，根本沒必要反駁 188

02 「別人會說你壞話，是因為你不好？」這種想法很危險的原因 197

03 在一起會感到疲憊的朋友，不妨降格成「只是個認識的人」 208

04 為什麼難過的事會陸續降臨在你身上呢？ 222

05 束縛我們的「應該、非這麼做不可的思考」 236

06 自己的人生，全都是自己決定的結果所構成 250

COLUMN・4 264

COLUMN・5 268

第1章

當別人說你壞話時，要先試著思考五件事

Don't worry!

01

一切事物全憑「看待方式」而定

「個子矮」

「豐滿」

像這類的容貌問題，不分男女，都很容易會感到自卑。

妳在看電影，見有位漂亮的女演員穿著一襲華麗的禮服登場，深感陶醉。

這時在場有位朋友對妳說：

「她真迷人。不過妳個子矮，穿這種長禮服不好看。」

雖然妳表面上笑著回了一句「是啊」，但想必心裡想「她說我壞話」，暗自受傷。或許還會認為這位朋友挑剔別人的外貌，未免也太粗神經了，對此感到生氣。

如果是單眼皮的話，可靠化妝來掩飾，或是下定決心整型動刀，如果是身材較豐滿，只要立志減肥，或許也能解決。

但是像身高這種「自己無能為力的事」，一旦被人點出，就會很不甘心。

雖然過去一直受這樣的場面所苦，但希望今後不會在意對方說的話，如果有這種方法的話……？

也許對方只是說出事實，不是在說你壞話

關鍵字在於「看待方式」。

說到身高是幾公分，數值永遠都相同。

在學校的保健室測量時、在醫院的診療室測量時，就算身高會有些許誤差，但幾乎都一樣。

這是因為不論在世界何處，一公分的長度都依照國際標準來決定。

美國的A先生看到的數值，與英國的B先生看到的數值，不論單位用的是英尺還是英寸，全都一樣。

就像這樣，不論誰來看都一樣的事，就稱之為「事實」吧。

以這個情況來說，「身高的數值」是「事實」。

但這項「事實」與「個子矮、覺得自卑」完全是兩碼子事。

這是怎麼一回事呢？妳因為有自己認為的理想身高以及日本人平均身高的概念，拿來比較後，覺得自己「矮」。

說得更明確一點，妳認為「個子高比個子矮來得好」。

「妳個子矮」並非「事實」，是妳擅自拿自己和別人比較，而「認為」自己很矮。

「妳個子矮，所以穿長禮服不好看」，這也是朋友自己以為。

始終都是對方的個人主觀，一百個人當中，也不會一百個人都說同樣的話，而且在這位朋友的主觀當中，沒提到半項「事實」。

要是下雨就不能到外面玩，糟透了。

因為沒坐上電車，糟透了。

要是被自己喜歡的人甩了，便是世界末日。

你可曾有這樣的想法？

不過，大家也都知道，就算下雨，還是能在外面玩。只要再等一會兒，下一班電車就會到來。就算被喜歡的人甩了，一樣不會世界末日。

這三個例子當中的「事實」，分別是下雨、沒坐上電車，以及被喜歡的人甩了。

對「事實」會產生何種情感，因人而異。

除了「事實」以外，像「糟透了」這類的情感，不過只是當事人感受到的主觀想法而已，是依附在「事實」上的附屬品。

只要改變這個附屬品，印象就會大幅改變。

要是下雨，剛買的傘就能派上用場，真幸運！

要是沒坐上電車，就利用這段時間喝杯咖啡吧！

被喜歡的人甩了……好，那我就讓自己變得更好，爭口氣給他看！

如何？

人們會對自己感到自卑的部分特別敏感

你遭遇的「事實」不會改變，但只要改變一下主觀想法，就能成為積極正向的句子對吧。

請再回想一下一開始提到的小故事。

朋友對妳說「因為妳個子矮……」，妳覺得對方是在說妳壞話。這裡的「事實」是「朋友說妳因為個子矮，穿長禮服不好看」，至於朋友說的話是否有惡意，其實是妳自己決定的。

可能那位朋友看過身材高䠷

的女演員或模特兒穿長禮服很好看，所以產生長禮服就得要高䠷的人穿才好看的成見。可能她想說的是，妳穿可愛的短版禮服比較好看。

只要試著舉例，就能講出無數個「可能」。

就算猜測別人的想法，也不可能每次都猜中正確答案。

因為只有對方才知道正確答案，所以想這個問題只是在浪費時間。

妳的朋友是在怎樣的意圖下說出「妳穿長禮服不好看」這句話，我不知道。那位朋友有可能連自己說過那樣的話都忘了。

妳之所以當那是在說「壞話」，是因為那正是妳心裡感到自卑的部分吧？

如果朋友對妳說「妳身材好，所以穿長禮服不好看」，妳應該會滿頭問號對吧。

我們對於心中感到自卑的部分會特別敏感。正因為敏感，所以始終都會負面地看待。

重要的是對「事實」抱持怎樣的情感，能由我們自己來決定。**因自己的一念之間，它有可能是壞話**，也可能是讚美。這就是「事實」。

○事實無法改變，但情感可以自由改變！

前面我們一直都聊到和外表有關的話題，不過，會當面說「妳長得真醜」的人並不多見。

與容貌有關的負面發言，通常都是在當事人不在的場所才會說。

以前有位男高中生表情沉重地來找我諮詢。

「一名和我同補習班的女生說我壞話，說我很像『新世紀福音戰士』。」

他心情很沮喪，甚至說他再也不想去補習班了。

「為什麼你覺得這是在說你壞話？」

我試著問他。

結果他回答道：

「真嗣（故事裡的主角，「ＥＶＡ」的駕駛員）個性優柔寡斷又內向，而且很沒自信。想到她認為我也是那樣，就覺得很難過。」

不過，我搞不懂的是，為什麼他會認為那樣是在說他壞話。

因為「ＥＶＡ」是最強的人造機器人。是人類唯一能和敵人（使徒）一較高下的武器。

我本身很喜歡《新世紀福音戰士》，單行本、卡通、電影，我全都看過，算是超級粉絲，「像『新世紀福音戰士』一樣」並不等同是壞話。

這樣各位明白了嗎？

對我來說，「新世界福音戰士」的印象是「厲害又帥氣」，而對他來說，卻是「優柔寡斷又內向」。

的確，主角碇真嗣不是個性積極的類型，在作品中也常描寫他內心交戰的模樣。如果單挑這點來看的話，確實就像他說的，是個「優柔寡斷、內向、沒自信的男孩」。

但是作品同時間也描寫了真嗣為同伴著想的溫柔，以及為世界挺身而出的堅強。

他所想的「新世紀福音戰士」和我所想的「新世紀福音戰士」，全都一樣。而他的感覺和我的感覺，也都沒錯。

附帶一提，後來終於從那位說他「很像『新世紀福音戰士』」的女生那裡問清楚了。

她那句話的意思是「你長得很像碇真嗣」。

意思與我想的「堅強」，以及他所想的「優柔寡斷、意志薄弱」，都相去甚遠。

○不同的人，對事物的看法可能會完全相反

我想，你應該也曾有過「以A的意思告訴對方，結果卻傳成了B」這樣的經驗。自己明明沒那個意思，卻傷了對方，或是讓對方生氣、失望。

這已是很久以前的事了，有天我逛百貨公司的化妝品賣場時，有位美容專櫃小姐向我說道：「您待會兒有時間嗎？我們的化妝水有新產品，可以占用您一點時間試用看看嗎？」

我正好有空閒，對新產品也有興趣，所以我回答她「沒關係」。

接著那位美容專櫃小姐朝我鞠躬說道「那請您有空再來」，改為招呼別人去了。

對於她「您待會有時間嗎？」的提問，我是出於「我有時間」的含意，而

回答她「沒關係」，但對方卻當我是對她「我們的化妝水有新產品，可以占用您一點時間試用看看嗎？」的提問，以「我不需要」的含意，回答「沒關係（＝拒絕）」。

我不認為是自己的意思沒有傳達清楚，心想「明明是她主動開口邀約，但不知為何，卻又拒絕了我。這個人未免也太失禮了吧！」採取了很彆扭的看待方式。

我是很後來才發現，我那句「沒關係」語意很模糊，可以看作是YES，也能看作是NO，這樣的回答很不妥。而在那段時間裡，心裡一直有個疙瘩在，感覺這在精神上也是很大的損失。

從那之後，在使用模糊不明的表現方式時，我都會特別留意。

其他會引來誤解的語句也不少。

A「明天我要和C子一起出去玩。」

B「我也可以一起去嗎？」

A「妳怎麼來？」

A對於B「我也可以一起去嗎？」的詢問，反問了一句「妳怎麼來？」這句話可以看作是「妳要搭巴士來？還是搭電車？」用意是詢問對方使用的交通方式，也能看作是「我要和C子一起出去玩，又沒邀妳，妳為什麼也來？」拒絕對方。

兩者都只能推測A是在怎樣的意圖下說這句話，不過，如果看作是在詢問採用的交通方式，那完全沒問題，但如果看作是拒絕，那可就傷人了。

就像這樣，容易受傷的人，往往會負面地看待對方說的話。如果總是能正向看待對方說的話，就不會內心受傷了。

「雖然妳這麼說，但要是對方真的是抱持負面的含意那樣說呢？」

要養成習慣，正向接納別人說的話

妳或許會產生這樣的疑問。

不過放心！對方說那樣的話，其真正的意圖只有她自己才知道。

就算對方抱持惡意，刻意那樣挖苦妳，只要我方不覺得「她是在挖苦我」，那就一點意義也沒有。

既然要猜測對方說那句話的意圖，那就不妨直接轉換成正向的想法吧。

Don't worry!
02

他也許是假裝成朋友的敵人

「那個女生說妳壞話呢。」

有會這樣向妳通風報信的朋友對吧。

「她刻意跑來告訴我，真好心」，妳是不是這麼覺得呢？或許有人會覺得「她不容許別人說壞話，好強的正義感」。

但很遺憾，這都不是正確的想法。

證據就是，妳完全不會有「謝謝妳告訴我她講我壞話」這樣的感謝之情，不是嗎？

可能還會覺得「我不想聽到這種事」、「她大可不必特地告訴我這件事……」而心裡產生疙瘩。

特地讓妳知道別人說妳壞話的人，我很遺憾，並非真的為妳著想，出於好意才告訴妳。而是為了自己的目的，利用別人說的壞話。

利用有三種模式。

利用模式①因為自己沒辦法說，所以借用別人的意見

「A說你常向人炫耀，感覺很不舒服。他大可不必說成這樣。」

要是聽別人這樣說，你想必會大受震撼吧。

自己明明沒有要炫耀的意思，但A卻這麼認為，這是最先令人震撼的事。接著A向人說你壞話，這也很震撼。光這樣就已是雙重震撼了，但這種沒聽人提絕不會知道的壞話，竟然有人特地說給你聽，就此形成三重震撼，真是

災難啊。

像這種情況，說這話的當事人表面佯裝好心，但其實朝你做鬼臉，心裡說著「我也是這麼想」。

如果自己直接說「因為你常炫耀，感覺很不舒服，所以希望你別再這樣了」，就會成為壞人，所以才搭別人意見的順風車，心想「說得好，講出我的心裡話！」

利用模式②想引發衝突

班上一些感情好的小團體或是社團活動，常會有衝突。

其實這並非偶然。

世上就是有想破壞別人人際關係的人，也就是「社群破壞者」。

社群破壞者會利用壞話或傳聞來作為引發衝突的手段。

做法很簡單。

「A說妳的壞話哦。」

向B這樣說，接著反過來對A說「B說妳的壞話哦」。

光是這樣做，轉眼就能造成A與B的感情失和。

就像俗話說的「無風不起浪」一樣，每個人都覺得「不可能有人無來由地說我壞話」。

所以一旦得知有人說自己壞話，就會心想「我到底是哪裡做錯」「難道是我無意中讓人感到不愉快」，而受罪惡感折磨，陷入自我嫌棄的窘境中。

但要是一直覺得「是我不對」，精神上會無法承受，所以會開始心想：

「不，等等。每個人應該都會有做不好的地方。不是我不對，而是說我壞話的那個人不對。」

「那個人自己明明也有不對的地方，卻都不檢討自己……」

這是為了維護自己的心理狀態，而採取理所當然的自我防衛。

社群破壞者就是巧妙利用這種心理，特地將和你有關的壞話說給你聽。有時是對內容添油加醋，更嚴重時，根本就是全部憑空捏造。

這種人就像在說「讓我看不順眼就是這種下場」，仗著自己編出的謊言和壞話，很滿意地欣賞對方人際關係逐漸崩毀的模樣。

利用模式③佯裝好人，想和你拉近關係

「A都說你壞話。所以你對A要小心提防比較好。」

要是有人這樣說，就會覺得這個人是基於好心而說出A的事，提出忠告對吧。不過等等，其實並非如你所想。

「要提防那個人」的這句忠告裡，隱藏著「如果你要和他拉近關係，不妨先和我拉近關係吧」這樣的意圖。

「A是這樣說你壞話的。」

「咦，是這樣嘛。太教人吃驚了……」

「不過，我認為A也沒資格說別人。都不檢討自己，真過分。」
「是啊，我認為A也有同樣的情況，並非都只是我一個人有錯。」

對方袒護被A批評的你，讓你覺得「這個人雖然聽了A說我壞話，但他沒誤會我。而且還了解我的情況」，想藉此加深你們的情誼。

心生不滿的能量很強大，所以會藉由彼此產生共鳴，而加深彼此的情誼。

要拉近彼此的關係，最好的方法就是找出共通點。嗜好相同、出身地相同、就讀的學校相同……不光是只有正向的共通點。就算是負面的共通點，也能拉近彼此的關係。

藉由互說特定人物的壞話，而有相知相惜的感覺，這是常有的事。像三姑六婆間的閒聊、媽媽們的午餐聚會等等，之所以會常聊到某人的八卦，想必不難理解。

說人壞話，是社群破壞者最大的武器

話雖如此，但利用壞話來作為拉近彼此關係的材料，其實並非明智之舉。

如果排除了共同的敵人，那勢必得再找出另一個共同的敵人。

總有一天你也會被當作目標，人際關係就此結束……

以壞話維繫在一起的人際關係無比脆弱。

話說，最近常出現「社群破壞者」一詞。

本以為是朋友，但可能不是這

麼回事……

有個用來表示這種人的詞語，叫做「假朋友」，各位知道嗎？

「雖然是朋友，但每次一起聊天，就會覺得疲憊不已，暫時不想再見到他。」

「不知道他到底是在誇我，還是在損我。」

「有時會覺得他是不是討厭我。」

此刻要是你腦中浮現某人的身影，那個人也許就是「假朋友」。

日文中的「假朋友」，是以朋友的「FRIEND」與敵人的「ENEMY」結合而成的新語詞，意思是「假裝是朋友的敵人」。

指的是「表面上表現得很親近的朋友，但其實懷有敵意，想要陷害你」。

不清楚這個字彙誕生的明確由來，不過，早在二〇〇〇年，這個字彙便已經在美國播映的當紅影集《慾望城市》中登場，所以似乎早在二十多年前，人們就已經深受「假朋友」所苦。

假朋友乍看像是站在你這邊的好朋友（FRIEND）。不會表現出像敵人（ENEMY）般的態度。

容易親近，很能聊，有時還會很真誠地接受你的諮詢。

對你的抱怨，會說「我懂！」與你有共鳴，並說出自己的抱怨，或是給你建議，所以很順利地逐漸構築出信賴關係。

但假朋友可不光只是這樣。

假朋友在和你建立了信賴關係後，會往負面發展去運作，或是掌控一切，讓自己能占有優勢。

假朋友的特徵①嫉妒

假朋友會敵視你。

表現出很期望你成功，替你加油的樣子，但其實心裡一直希望你失敗。舉例來說，他會對你說「希望你和A能相處融洽！」同時對A說你壞話。

假朋友的特徵②背叛

假朋友會背叛你。

你是否曾經請求對方「絕對別跟任何人說哦……！」但秘密還是被傳了出去呢？

假朋友很善於取得你的信賴。先取得你的信賴，得到許多你的資訊後，再刻意散播你的秘密，或是讓其他人知道你的個人資訊。

假朋友的特徵③說壞話

假朋友會說你壞話。

不是挑明著講壞話，而是說一些像「我一直很困擾該不該說……」或是

「我自己是覺得不錯，但我聽到不好的傳聞……」這樣的話語，以自己喜歡你為前提，來說你壞話的人，就是假朋友。

因為要是採用這樣的說話方式，自己的立場就不是「說壞話的人」，而是「替你擔心的人」，同時也能拉低你的評價。

「這樣的話，對方大可不必和我拉近關係啊……」

我也這麼認為。雖然不希望對方為了傷害我們而刻意接近，但這當中存在著假朋友在人際關係方面特有的扭曲心態。

假朋友說人壞話的理由，有以下幾點。

①有嫉妒心和競爭心

假朋友把你視為競爭對手，所以見不得你成功，或是展現出好的結果。因為這種人自尊心強，不容許自己的能力或地位比你低。

如果不想輸，只要努力就行，但這種人認為，比起不知道會不會有好的結果，而只是一味地努力，還不如把人踹下去更為輕鬆。

②自我防衛

假朋友其實並不厲害。但他們不讓人看到弱小的自己，所以總是穿著看起來很厲害的盔甲。

其實只要真的有心想變強，多的是自我鍛鍊的方法。但假朋友沒有毅力，不知道變強的方法（也不想知道），只會用陰險的方式去處理。

只要先讓對方受傷，自己就不會受傷，他們總是採取這種自我防衛。

③有控制欲

說對方壞話，對方會受傷，感到不安。接著他會用溫柔的話語對大受震撼的你說「你沒事吧？發生什麼事了？說來聽聽吧」，但其實他心裡很享受完全照著他劇本走的情勢發展。

這正好就像在喜歡的人面前擺出故弄玄虛的態度，心境很類似。擺出故弄玄虛的態度，如果對方就此開始在意你，會覺得高興對吧。在聯絡方式上也一樣，比起等對方過來，還不如讓對方等，這樣比較能保有從容的心境。

假朋友也是這樣。他們想用自己的行動讓你忽喜忽憂。不管好事、壞事，都想一手掌控，這就是他們的欲望。

④不想被你討厭

這樣的假朋友，也不想被你討厭。因為始終都是在「朋友」的前提下，所以雖然看你不順眼，但他們也不想解除這樣的朋友關係。因此，儘管對你有所不滿，也不會當你的面說。

他們自己會想處在安全的位置上，巧妙利用第三者，來向你傳達他們的不滿。

那麼，要如何與假朋友相處呢？

答案只有一個。

別提供假朋友資訊。

要盡量少在社群網站上發布私人的消息。

要是對方邀你一起吃午餐，就說你有事，加以婉拒。就算對方說你很不配合，只要回一句「最近有點忙」就行了。

對假朋友來說，情侶的抱怨、工作上的事、家人間的話題等日常對話中的瑣事，都會是他們的「糧食」。

不管對方問你什麼，都只要回一句「嗯……我不清楚耶」來轉移話題，這樣就行了。

假朋友可能會就此離開你，但這樣反而幸運。一位不知道什麼時候會說你壞話的人，早點斷絕關係才是明智之舉。

根據加州大學戴維斯分校的研究團隊所作的調查得知，十幾歲年紀的霸凌，往往是在朋友之間發生。而在發生霸凌後，許多當事者仍繼續維持朋友關係，這點令人吃驚。

說到霸凌，給人的一般印象是強者欺負弱者，但其實在對等立場（或是看起來像是對等立場）的朋友中，霸凌特別容易發生。

雖然是朋友，但相處起來感覺好累……如果你因為這樣的人際關係而苦惱，不妨拿出勇氣，試著與對方保持距離吧。

Don't worry!
03

在社群網站上的惡意批評

「不過是上報而已，就那麼開心，她是笨蛋嗎？」

這是有個熟人在社群網站上對我的批評。

看到這則留言時，我正好在泡澡（邊泡澡邊滑手機，是我每天的功課），儘管泡在熱水裡，卻突然感受到一陣寒意，血氣就此從身上抽離。

寫這則批評的人我認識。雖然她會向人說我壞話，但我萬萬沒想到她竟然會在社群網站上發文。

報上刊登的內容，是我參加志工活動的事。我因為感到自豪，而在自己的社群網站上發文寫道「〇〇報也刊登了這件事」。

結果被熟人寫成「不過是上報而已，就那麼開心，她是笨蛋嗎？」看到「不過是上報而已」這句話，我覺得有點羞愧。

由於心裡大受震撼，我找其他朋友聊這件事。結果朋友和我有同感，並對我說：

「這種發文妳不能每個都看。以後妳不能再看那個人的社群網站了。」

經她這麼一提，確實如此。

只要別看那個熟人的社群網站，我就不會特地讓自己受傷。

於是我當場悄悄取消追蹤。

這麼一來，不管那個熟人再怎麼寫我壞話，我也看不到。

——話說，問題這樣就解決了嗎？

借用國際大學GLOCOM客座研究員小木曾健先生的話，所謂的社群網站，是「一個人家中的玄關」。

在網路上發文，就如同是在自家玄關上貼滿東西。所以能貼在玄關大門上的東西，就算貼在網路上也沒問題。而不能貼在大門上的東西，不只不適合寫在網路上，而是不能寫。

（東洋經濟ONLINE2016．4．6）

看了這段話後，我大吃一驚。

小木曾先生這段話，堪稱是網路素養的啟發。

「網路上雖然是匿名，但會因為一些簡單的契機而被鎖定身分。所以平日不會做的事，在網路上也不能做」，這是他對「發文者」的提醒。

但這對「被提及者」來說，不也是很重要的想法嗎？

以前面這個小插曲來說，我被那個熟人指名「〇〇是笨蛋」，在她家玄關貼上這麼一張紙。

從這個人家門前通過時，我不自覺地看到她說我的壞話，為此大受震撼，我不想再次受傷，因而決定改變行走路線，今後再也不從那個人家門前路過……

大家發現了嗎？這樣問題根本完全沒解決。

對方在玄關指名我，寫我壞話，改變行走路線的我看不到這些壞話，但壞話還是一直暴露在從對方家門前通過的人們面前。

這次只有一個人，但當然也會有遭多人批評的情況。想到有許多人家的玄關都寫有我的壞話，我會害怕外出。想必會每條路都不敢走，整天在家閉門不出吧。

藝人因為有人在社群網站上留言，而內心受創，最後被逼得停止活動的案例也不少。

最糟的情況，甚至還鬧出人命，但我認為，世人提出「既然討厭，就別看」

這樣的論點，結果造成當事人因此無法動彈，最後只能封閉自己的內心。

如今社群網站已成為我們生活密不可分的一部分，只挑自己想看、想知道的資訊來看，是不可能的事。

就像不是每則發文都會很好心地在開頭寫「閱覽請注意」，也沒有發文會先來一段「這裡寫有你的壞話，別看哦」這樣的開場白。

社群網站已不再是「既然會受傷，別看就好了」的工具。

這樣的社群網站時代，需要的是「將看到的東西輕鬆化解的技術」。

儘管遭人惡言批評也不在意的人，很善於轉換成「算了，隨它去吧」的心情，不過，會在意這種事的人，便無法輕鬆化解，所以總是耿耿於懷。

那麼，就在此傳授看到批評人的社群網站時該採取的因應方法吧。

○分析自己為什麼會受傷，令自己受傷的部分

要分析別人對自己的批判，就得正面去面對它，所以執行時或許會感到難受。不過，重點在於只是去面對它，而不是接受它。

溝通是對話的傳接球。只要接自己能接的球就行了，有可能會受傷的猛球，就別勉強去接，這是鐵則。

首先要觀察對方投的球會往哪兒飛。

接著思考對方投來的球有哪裡令你感到排斥。

是太剛猛，覺得可怕，還是上面沾染汙泥，覺得排斥……

以我的情況來說，比起自己因為上報而開心，卻被人說是「笨蛋」，那個認識的人寫我壞話，更令我感到震撼。

同樣的內容，如果是其他和我不太熟的朋友寫的話，我會怎樣？我試著這

樣想像，但愈是關係離我愈遠的人，我得到的震撼度就愈小，至於不認識的人就算說我「像笨蛋一樣」，我也只會不當一回事地暗哼一聲。

作了這樣的分析後，我漸漸有所自覺，明白我對那個熟人喜歡的程度，遠大於我自己的認知。正因為喜歡她，所以她寫我壞話，我大受震撼。我喜歡的人，並不是那麼喜歡我。

得知這個結果時，我很自然地接受了它，也發現自己大受震撼的心情就此昇華。

之所以會感到震撼，是因為連自己也無法抹除「為什麼？」這樣的心情。只要明白「為什麼？」人們就能變得出奇冷靜。

Don't worry!

04

就算別人說你壞話，也不會損及你的價值

有高興的事，就會心想「好！今天一天也要好好加油！」拿出幹勁，感覺會一切順利，但一聽到別人說自己壞話，就會做什麼都不順手，陷入「思考停擺」的狀態對吧。

這與人類腦部的構造有很深的關聯。

大腦被設定成不接收對自己不利的資訊

有個心理學名詞叫「**確認偏誤**」。

這是只收集自己認為正確的事，或是對自己有利的資訊，其他資訊則不太會留在記憶中的一種大腦特性。

血型占卜算是比較類似的情形。

A型的個性認真、一板一眼，B型我行我素、較有個性，O型大而化之，AB型具有雙面性……這是對各種血型的一般認知，但另一方面也有人說，血型與個性的關聯並無科學根據。

我是A型，會將點心的空袋子折成像神籤一樣小。因為比起直接丟棄，如果將它折小，體積就能減少許多。

看了我這樣的行動，大部分人都會說「果然是A型」，但這正是「A型都一板一眼」的確認偏誤。

就另一方面來說，我並不擅長整理。用過的剪刀直接擺著，是常有的事，車鑰匙也常下落不明。但這並不符合血型占卜所說的「A型很一板一眼」，所以我不太會讓人有「不擅整理」的印象。

就像這樣，確認偏誤在生活中很多方面都會產生影響，人腦會拒絕接收與自己認定相反的資訊，以及對自己不利的資訊，在這種狀態下過日子。

有人說自己壞話，這通常都是在自己意想不到的場面下發生。大腦的設定明明是拒絕接收對自己不利的資訊，但因為超出設定的情況引發BUG，造成思考停頓。

一直處在思考停頓下，會無法從震撼中跳脫

約莫一年前，有一篇名為「人生中第一個高級包」的發文，引發熱烈討論。

某位外國女性在社群網站上介紹父親買給她的新包包，說這是「人生中第一個高級包」。結果網友紛紛留言「這哪裡高級？」「就像把速食店稱作高級餐廳一樣」，傳來許多意想不到的批評。

那個包包的價格約八千日圓左右。

發文的女性說她萬萬沒想到這篇發文會引來批評。

許多人在遭受批評時，想必會思考停頓吧。心跳加速，什麼事都做不了，連覺都睡不著。明明是好不容易得到的包包，但現在可能連看都覺得嫌棄。

但這位女性不一樣。

她說「為什麼大家要批評我的發文呢」，正面面對自己的發文，以及人們對發文的批評留言。

最後得到某個結論。她眼中的八千日圓，與批評她的用戶眼中的八千日圓，價值完全不同。「提出批評的用戶，認為要價數十萬日圓的包包才算是高級包」，她作出這樣的結論，以她自己的思維冷靜地提出反駁。

「對你們來說，這個包包或許稱不上昂貴，但是對家境不富裕的我以及家人而言，這已經算昂貴了。因為是我父親用辛苦工作賺來的錢買來送我的。」

如果不像這位女性這樣，正面看待對自己的批判，將會在思考停頓的狀態下一味地受傷。

「大家都討厭我。」

「我竟然這樣就感到高興，真是丟人現眼。」

也許還會作出這樣的錯誤解釋。

讓思考運作，以第三者的觀點來解讀批判，冷靜地分析是哪一點引人注意，這是很出色的應對。

「我沒錯！這些說我壞話的人才有錯！」

這樣子想，精神上會比較輕鬆，但每次思考停頓，就要這樣矇騙自己，這就如同是在耗損自己的精神。

「他們那樣說是什麼意思呢」，不妨鼓起勇氣，往前邁出一步吧。

持續採用這個方法，不僅能培養出對惡意批評的耐受性，也會促成自己溝通能力的提升。

從思考停頓中跳脫的要訣

①被批評的一方完全沒錯，以此為前提來思考

「別人說我壞話，不就表示是我不對嗎……」

這是錯誤的思維。光是這樣想，自我肯定感便會不斷下滑。

就算是看起來再完美的人，只要有心挑毛病，總還是能找到許多說壞話的題材。

不是因為當事人不好，別人才說他壞話，**而是因為有人找到說壞話的題材**，所以才說他壞話，就先以此作為大前提吧。

②到外頭去

到外頭去轉換一下氣氛吧。

在平時常待的空間裡，眼睛看到的事物、耳朵聽到的聲音，幾乎都是熟悉且親近的。

由於視覺和聽覺的刺激不夠，壞話會填滿整個腦袋。

這時不妨到外頭去，聽聽自然的聲音，看看不同於平時的景致，給五感帶來一些刺激吧。這麼一來，占滿腦中的壞話比例就會逐漸減少，也能就此轉換心情。

③找人傾訴

別人說自己壞話的事，要找人傾訴，需要勇氣。不過，藉由向人傾訴，可在腦中作一番整理，得到自己原本想不到的答案，這是它的優點。

你是否有因為說出心中的不安、悲傷、紛亂的負面情感，而感到舒暢許多的經驗呢？

這在心理學稱之為「**淨化作用**」。

就算只跟一個人說也很有效，但如果可以，不妨多和幾個人談談吧。討厭的事，跟人說得愈多，忘得愈快。

就算一開始展開很仔細的說明，但說了幾次之後，就會開始省略，之後漸漸覺得麻煩，這樣就成功了。等到你能用「發生了許多事」一語帶過，你心中紛亂的情緒應該就已經減輕許多。

自己的價值要由自己來決定

我曾在縣內的國高中講演。

像這種時候，我一定都會使用一招屢試不爽的絕活。

我會準備一張萬圓紙鈔，向學生們詢問：

「各位，如果這張萬圓鈔是真鈔，你們想要嗎？」

如果有配合度高的學生在場，就會你一言我一語地回答「要！」「用來儲值！」「買東西！」

這時，我將那張萬圓鈔砸向桌面。

「我現在砸這張萬圓鈔。這成了被砸過的萬圓鈔，你們想要嗎？」

學生們還是一樣嚷著「要」。因為不管是砸之前，還是砸了之後，它一樣都是萬圓鈔。

接著我將那張萬圓鈔放在手中揉成一團。

「我現在將這張萬圓鈔揉成一團。你們看。變成這樣縐巴巴的。」

在我掌心裡，被揉成一小團的萬圓鈔。但大家說「拉平就能用了」，還是一樣嚷著「要」。因為在揉成一團前，和揉成一團後，它一樣是萬圓鈔。

這次我將揉成一團的萬圓鈔丟向地面，用腳踩了它幾下。

「我踩扁了這張萬圓鈔。它成了一張被砸、被揉成一團，又被我踩扁的萬圓鈔。想要嗎？」

學生們笑著回答：「要！」

因為不論是踩踏前還是踩踏後，它一樣是萬圓鈔。

我慢慢將那張萬圓鈔攤開來……

「那麼，這次我要這麼做哦。」

我將那張被砸過、揉成一團、踩踏，變得縐巴巴的萬圓鈔，撕成了好幾個碎片。

「我將它撕破了。如果是這張撕破的萬圓鈔呢？想要嗎？」

這時，有幾名學生作出的反應是「咦，這已經不能用了，那我不要了」，但這時一定有人會開口說：「銀行！」

「對！只要帶去銀行，就能換一張新的萬圓鈔！」

此話一出，剛才還說「不要了」的學生們，也開始說「這樣的話，我要。」

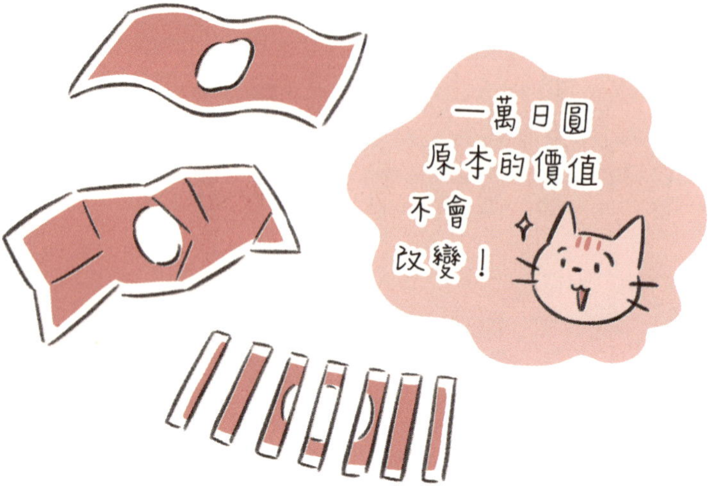

萬圓鈔的價值是？

儘管砸過、縐巴巴揉成一團、踩扁、撕破，一萬日圓的價值依舊不變。

就算被蹂躪、被踐踏、內心嚴重破碎，人的價值依舊不變。

為了傳達這個理念，我總是都做這項表演。

在講演後作的問卷中，總能得到「不論遭受怎樣的對待，自己的價值依舊不減，我現在明白這個道理了」、「萬圓鈔的故事最令我印象深刻」這樣的感想。

不時也會有學生說「人不管你再怎麼拳打腳踢，其價值一樣不變，這表示我要怎麼做都行」，以和我的用意完全背道而馳的觀點來看待，這也是事實。不過，會有這種看待方式，表示他本身存有「扭曲的認知」，我認為這是學生發出的求救訊號。

我們會因為別人說我們壞話，而價值降低嗎？

不會。

說人壞話，是某人擅自以自身的主觀發言。

就像有人看到貓會說「好可愛」，有人會說「好髒」一樣，人們會擅自以心中的尺去衡量各種事物，隨意發言，如此而已。

因別人說壞話而內心受創的人，大部分都是認為自己「沒有價值」，所以總是在找尋答案，想知道自己這樣的成見是否正確。

因此，一旦聽到別人說自己壞話，就會心想「果然沒錯！我認為自己沒有價值，而別人眼中的我一樣也沒價值」，就像找到了正確答案一樣，被這樣的壞話深深攫獲。

既然是自己貶損自己的價值，應該也能自己提升自己的價值。

「這怎麼可能……我根本就沒價值。」

雖然每個人都這麼說，但只要每天照以下的方式去做，一定就能提升自我肯定感。

○為了提升自我肯定感，每天要養成的習慣——對著鏡子笑

每天在洗臉或化妝都會用到鏡子，如果只是用它來看自己平時的表情實在可惜。不妨有效加以活用，試著每天露出笑容吧。

大腦的構造不是因為快樂才笑，而是因為笑而明白這是快樂。

腦中用來讓人認識什麼是「快樂」的開關，位於眼睛下方顴骨一帶，所以

重點在於使用表情肌讓這個部分動起來，露出笑容。

在自我肯定感低的時候，連自己的笑臉都覺得噁心，但反正沒人看見，所以做這樣的嘗試沒關係。就每天進行笑臉練習吧。

等習慣笑之後，我推薦對自己的笑臉自拍。

這比看著鏡子笑難度更高，不過自拍的效果很好。這時候想提醒各位注意，要拍攝的始終都是笑臉，而不是擺拍表情。

以擺拍表情來拍照，大部分人可能都比較不會排斥吧。因為在拍團體照或證件照時，都習慣展現擺拍表情。

不過，拍攝擺拍表情沒有意義。重點在於笑臉。

一開始就算完全擠不出笑臉也沒關係。

嘴角微微上揚，使用眼睛周邊的肌肉，最後再露出牙齒，擺出燦爛的笑臉，就以這樣自拍吧。

其實「笑臉自拍」，是YOUTUBE演說家鴨頭嘉人先生在他主導的「說話方式的學校」中所出的課題。

我一開始也都是以擺拍表情拍攝。因為在意別人對我的評價，而無法露出發自內心的笑容。

儘管如此，每天投入笑臉自拍的結果，我發現自我肯定感提升許多，更重要的是，周遭人開始會對我說「妳的笑容真好看」、「看妳好像一直都很快樂」、「覺得妳很可靠」。

思考以什麼角度、什麼背景、什麼表情來拍攝才好。

拍下的笑臉，要自己親眼看，加以認識。

這樣的流程，對提升自我肯定感相當有效。

Don't worry!
05

試著針對壞話重新思考

與「壞話」意思相近的，還有「牢騷」。

「聽我發個牢騷吧。」

「跟你說出我心裡的牢騷後，舒暢多了。」

就像這樣，聲稱是「牢騷」，而向人說出一些負面的話，這種情形很常見。

說「壞話」應該避免，但適度的「牢騷」，是宣洩每天的壓力所必須的。

不過，兩者不能搞混。

「說壞話不好，最好別說。」

因為過度這麼想，而又極力不讓自己的情感顯露於外，有可能會引發精神疾病。

此外，自己當作是在發牢騷，但聽在別人耳裡，卻當作是在說壞話，給人負面印象，認為「那個人老愛講別人壞話」，這種情況也會發生。

要了解「牢騷」和「壞話」的差異，幫助自己建立堅強的心志吧。

牢騷與壞話的差異之①

牢騷：吐露自己的情感是牢騷
壞話：批評別人的行動是壞話

所謂的牢騷，是吐露自己的情感。

大部分情況下，其目的都是要消除壓力，對感到不滿、不平的事，將情緒轉化成話語。

「A說我是個做事隨便的人。我向來自認做事細心，所以聽了之後大受震撼。」

「我明明請他一定要保密，他卻向人洩露，真的很生氣。」

這些內容是以「自己」當主語的情感吐露，所以算是牢騷，不是壞話。

聽的一方應該會出言安慰「真是辛苦你了」。

相對地，壞話則是貶損對方，說出批評的話語。

「A說我是個做事隨便的人。他自己明明沒資格說別人！」

「我明明請他一定要保密，他卻向人洩露。真是個大嘴巴。」

像「他自己明明沒資格說別人」、「大嘴巴」，是在批評對方的行動，所以算是壞話。

聽的一方一定會心想「你自己也沒資格說別人，所以還是別用壞話來回敬壞話比較好……」

你如果不太懂得區分壞話和牢騷的差異，那麼就試著留意主語，這樣比較好懂。

「我是這麼認為。」

能換個說法，改用自己當主語，這就是牢騷。

「他是這樣的人。」

以別人當主語，這便是壞話。

牢騷與壞話的差異之②

牢騷：沒有傷害對方的意圖，是牢騷

壞話：有傷害對方的意圖，是壞話

牢騷是將自己的不滿或痛苦轉化成話語。

比起責備對方、傷害對方，抱持負面情感的自己向人們尋求安慰的成分其實更多。

藉由向人發牢騷，來尋求像「嗯，你的心情我明白」這樣的共鳴，或是獲得像「你要是試著這麼做，不就好了嗎？」這種解決問題的建議。

就像這樣，牢騷同時也是溝通用的手段之一。

而另一方面，壞話包含了傷害對方的意圖。

為了傷害對方、攻擊對方，而採用鄙視的態度或口吻。

此外，會想藉由批評對方，說對方「大嘴巴」、「態度傲慢」等等，來拉低對方的風評。

「笨蛋」、「噁心」、「很煩人」、「去死」

像這類的辱罵言語，在壞話中算是通用性相當高，所以常被使用。儘管沒有明確的根據，也能輕鬆地批評對方。

牢騷與壞話的差異之③

牢騷：有明確的理由是牢騷
壞話：沒有明確的理由是壞話

「我只是照著他的請託去做事，卻被他挑剔。」

因不合理的事而被警告，會生氣也是理所當然。

反過來說，如果沒能感受到壓力，就無法發牢騷。

相對地，就算沒有特別的事或是契機，一樣能說人壞話。

「他那個人啊，我從以前就一直覺得……」

像這種情況就是典型的例子，無來由地討厭對方，看對方不順眼，這種「無來由」說出的話，就是壞話。

因為沒有明確的理由，所以壞話的題材無限多。一群人圍著說某人壞話，之所以怎麼也說不完，就是這個原因。

牢騷與壞話的差異之④

牢騷：覺得談論者愈來愈可憐，這是牢騷
壞話：覺得談論的對象愈來愈可憐，這是壞話

像「我挨罵」、「他對我說難聽話」、「我感受到壓力」等等，覺得談論者「真辛苦」、「真可憐」、「別放在心上」的內容，這是牢騷。

另一方面，像「那傢伙真教人火大」、「他腦袋有問題啊」、「他這個人太失敗了」這樣，對於談論的對象會忍不住產生「這講得太過火了」、「對方真可憐」、「不用說得那麼難聽吧」這種想法的內容，是壞話。

牢騷是在引聆聽者同情，所以有時可能會讓聆聽者覺得「心情真沉重」、「真煩人」。

說得太過火固然不好，但適度發發牢騷，不在心裡累積壓力，這在平日的生活中也很重要。只要懂得適度，發牢騷會給對方一種「受信賴感」，覺得「他

很信任我」，而加深彼此的情誼。

不過，說別人壞話不光會傷害對方，也是一種降低自己給人的信賴感和社會價值的行為。

聽你說壞話的人，會覺得「這個人或許也會跟別人說我壞話」。愈是關係不夠親近的人，愈會覺得「他連跟不太熟的我，都能隨便說這種事」，而認為你是個輕浮的人。

發發牢騷還行，但說人壞話還是避免。

「這種事我也知道，但就是忍不住會想說。」

有時候也會這樣對吧。

在閱讀本書的各位當中，有人一概不說別人壞話嗎？

「我從沒說過別人壞話！」

要是有人可以很肯定地這麼說，他可能「只是對自己說人壞話沒有自覺」。

請試著回想一下，你說人壞話時，到底都是抱持怎樣的心情。

舉例來說，你應該曾經因為被自己信任的人背叛，而說出「那傢伙背叛了我！真是爛透了！那種人根本不配為人！」這樣的話吧。

如果只看這句話，會明白這是辱罵對方的話語所排列而成的「壞話」，不過，這當中也暗藏了「牢騷」，你發現了嗎？

所謂的「牢騷」，是吐露自己的情感對吧。

在這種情況下，暗藏了「明明很相信對方，卻遭到背叛，心裡很受傷」的這種心情。

因為某個原因，無法坦白說出時，用來偽裝的就是「壞話」。

壞話是用來隱藏真正情感的二次情感

在說明二次情感前，我先來說明什麼是一次情感吧。

所謂一次情感，是我們對事物最早感受到的情感，也就是本能情感。

哥倫比亞大學的心理學家羅伯特・普拉奇克（ROBERT PLUTCHIK），提出人們有八種基本情感的說法。

普拉奇克提出的基本情感

喜悅：成就感或感謝之類的爽朗心情

信賴：不會擔心、相信、感到安心的心情

恐懼：感受到危險或危機的心情

驚訝：因發生無預期的事而吃驚的心情

悲傷：失落感、絕望感之類的心情

嫌棄：不悅感、排斥感之類的心情
憤怒：因不愉快而感到煩躁的心情
期待：抱持希望，引領期盼的心情

我們受到外部刺激時，會引發這八種情感，稱之為「一次情感」。

這八種情感中，兩種以上的情感混合形成的，稱之為「二次情感」。加以組合後，會產生如下的情感。

兩種一次情感混合形成的二次情感

喜悅＋信賴＝愛
信賴＋恐懼＝服從
恐懼＋驚訝＝敬畏
驚訝＋悲傷＝抗拒

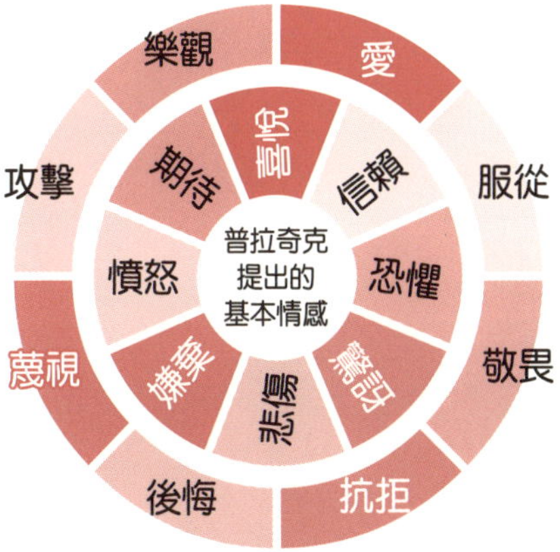

悲傷＋嫌棄＝後悔
嫌棄＋憤怒＝蔑視
憤怒＋期待＝攻擊
期待＋喜悅＝樂觀

「為什麼這種事做不到！之前應該也跟你說明過了吧！」

請試著想像這種咆哮的場面。

這是「因為我跟你說明過了，所以你應該能辦到才對」的「期待」，與「我都說明過了，你卻還做不到！」的「憤怒」這兩種情感混合，化為「咆哮」這種「攻擊」表現於外。

對我們來說，「二次情感」是我們在意圖溝通時很理所當然的反應。

它也能套用在壞話上。

「聽說A劈腿呢。真爛。他這個人太失敗了。」

這句壞話批評A真爛，而它背後是由「嫌棄感」與「不愉快（憤怒）」混合而成的「蔑視」。

如果只有一次情感，就會像

「我對A劈腿的事，感到嫌棄。」

「我對A劈腿的事，感到不悅。」

只會變成牢騷，不過，因為是兩者混合而成，所以變成了「他這個人太失敗了」這樣的壞話。

你說的壞話中，到底暗藏了怎樣的一次情感呢？

不妨先養成分析自己一次情感的習慣吧。

藉由這麼做，當聽到某人的壞話時，也能心想「他其實很期待吧」或是「他很驚訝吧」，而能作出簡單的推測，不是以「情感」，而是以「發生的事」來接受壞話，所以精神上會輕鬆許多。

Column 1

啊，狗在吠

遭狗吠時，我們會想「狗在吠我」對吧。

「為什麼這隻狗會對我吠呢？」

「我是有哪裡做錯嗎？」

「要怎麼做，牠才不會吠呢……」

會一直苦思這些問題的人，應該是沒有吧。

到了隔天，還有後天，仍心想「為什麼那隻狗會吠我呢……」對此感到震驚的人，想必也沒有。

壞話這種事，就跟狗吠差不多。

博之

（DIAMOND ONLINE 2021.9.12）

昔日日本最大的匿名留言板「2CHANNEL」的設立者，也是其管理人的「西村博之」先生曾這樣說過。

他是一位常貶損別人「腦袋不好」、「無能」，因而發言常被人拿來討論，容易引來別人說他壞話的人物。

我想向這樣的博之先生學習的是「就算別人說我壞話，也毫不在意」的強韌精神。

的確，就像博之先生說的，如果將說壞話的人替換成「狗」，就會覺得沒什麼大不了的。

舉例來說，在前往工作途中，有一隻狗呲牙咧嘴朝你「汪汪！」猛吠。

被狗吠，幾乎沒人會覺得「哇，好可愛的狗哦！被牠吠真開心！」

那麼，為了不讓狗吠你，你從明天開始會怎麼做？

帶來狗可能會喜歡的點心，牠如果想吠的話，就討牠歡心？
向狗拜託「請別再吠了」？
還是和牠討論「你為什麼吠我，請告訴我原因」？

不用說也知道，這全都是愚蠢的選項。
答案只有一個。只要別再走那條路就行了。

我們無法阻止狗吠。
如果討厭狗吠，只要別靠近牠就行了。

博之先生也在自己的YOUTUBE上提過關於狗的事。

「有人踩了狗的尾巴。

那隻狗誤以為是我踩的，對我猛吠。

但踩牠的人不是我，所以我不會對狗道歉。

就算我對牠說『不是我踩的，是那傢伙』，狗也聽不懂我的話，所以狗對我吠的情況，我只覺得『這也是沒辦法的事，和狗沒辦法溝通』。

因此，要是有人無法溝通，遇事無法理解，我只會當『這個人只能理解到這個程度』，而到此打住。」

狗或許有牠吠人的理由，但我們完全沒必要針對這個問題去認真思考，甚至為此苦惱。

就算你避開狗，當有人從那隻狗面前經過時，牠一樣會呲牙咧嘴狂吠。

愈是沒教好的狗，愈愛亂吠。

好了，請把「狗」改換成「那個人」，接著把「吠」換成「說壞話」，試著再閱讀一次吧。

第2章

就算別人說你壞話，也絕不能做的五件事

Don't worry!

01

變得感情用事

別人說自己壞話，還能保持冷靜的人不多。

「嗯～這樣啊」，儘管表面上佯裝處之泰然，但心裡大受震撼、很受傷，冒出各種負面情感。

負面情感擁有比正向情感高出數倍的能量，所以很難靠自己去控制，有時也會失控。

小孩子一遇到不順心的事，就會放聲大哭。

這是因為小孩子知道自己只能以情感來促使周遭的大人展開行動。

孩子在剛出生的前幾年，無法以明確的語言來表現自己的心情。只要以哭泣或生氣來表現情感，周遭人就會來逗他開心，或是努力想探尋他哭泣的原因。這成為「促使周遭人展開行動的成功模式」，刻劃在孩子心裡。

隨著成長，孩子學會以話語來表現情感，暗自在心裡忍耐，但這種「促使周遭人展開行動的成功模式」還是既簡單又好用，所以有人就算長大成人，還是動不動就想用這招。

我們稱呼這種想用哭泣和生氣來堅持自己主張的人為「感情用事的人」。換句話說，「感情用事」指的不是這種個性，而是指「頻頻利用情感」。

小孩子鬧脾氣，看了會覺得「他還是孩子，這也是沒辦法的事」，但如果是大人，那就另當別論了。

人是能用語言來傳達情感的動物。不是被情感支配，而是巧妙地利用情感，不妨試著改變成這樣的想法吧。

Q 變得感情用事，逼問對方「你為什麼說那種話?!」

在工地工作的F先生，得知職場上的同事說他壞話，儘管在眾人面前，仍大聲咆哮道「你為什麼要說那種話！」「一時忍不住大發雷霆……」，他事後很後悔，這麼做相當不智。

F先生喜怒哀樂的情緒反應很明顯。尤其是事情沒照自己的意思走時，就容易感情用事，時常像這樣在職場上發生衝突。

F先生放慢工作的步調，想學會「控制憤怒」。

一旦感情用事，就會行事衝動。以F先生的情況來說，在眾人面前大聲咆哮，就是感情用事。據說美國等海外各國都認為「在眾人面前咆哮」是最糟糕的行為，尤其是在生意場合中，這樣會被貼上「無法控制個人情緒的人」這樣的標籤。這在國外是很糟糕的行為，並不會令人感到吃驚，但在日本卻允許這種行為，這樣實在很奇怪。

感情用事的人，思路都很幼稚。「只要哭，要求就能獲准」、「只要咆哮，周遭人就會閉嘴」，諸如此類，為了讓一切事物都照自己的意思走，選擇採用情感這種簡單的手段。

舉例來說，有個幼稚園的孩童因為想要玩具而鬧脾氣。這時要是對他大吼一聲「說不行就是不行！別再吵了！」狠狠瞪他一眼，那孩子應該就會心不甘情不願地放棄吵著要玩具。只要花上幾分鐘的時間。不過，如跟孩子說「今天不買這個玩具。我會買來當你的生日禮物，所以你再等一陣子吧」，想加以說服，那可是難如登天。由於孩子這時候的思考仍處在短路狀態，所以現在就想要的東西，無法等到生日那天，而且他無法理解，在超市就能買點心給他，為什麼玩具就不能買。

另外，在學生時代，學校裡總會有很常動怒的老師對吧？上課鈴響了，卻還沒坐在座位上，老師就會生氣，上課時做別的事，老師也會生氣，這是在日常生活中常見的光景，不過，老師大可不必生氣，用講的來傳達意思就行了。之所以不好好用講的，而是採取「生氣」的行動，是因為這樣最直接了當，而且輕鬆。

被人大聲吼，任誰都會嚇一跳。心想，好可怕，要是再被吼一次，我可不要，所以現場會先安靜下來。雖然不是每個人都能接受，不過只要先讓學生們安靜，就比較容易接受自己提出的要求，所以採取大吼這種行為會比較輕鬆。

不過，「生氣」的行為會消耗能量。生氣過後，得到的往往不是爽快感，而是會反省「我可能說得太過火了」，或是心想「是那傢伙惹火我的」，想找出自己動怒的理由。同樣心裡都不會覺得舒服。

此外，容易感情用事的人，周遭人不知道怎樣會誤觸他的機關，所以都被人當「地雷」看待，與他保持距離。要是有人說「我不想和○○先生扯上關係」，自己將就此失去人生經驗的機會。

看來，感情用事而動怒這種行為，還是盡可能避免比較好。

要是有人說你壞話的話，別感情用事，先做個深呼吸。接著想想以下的事項吧。

①將它視為整理人際關係的機會

你或許會因為別人說你壞話，而陷入「算了！像他那種人，我也不稀罕！」這種心情。不過，請試著冷靜下來思考一下。你想和對方斷絕往來嗎？

如果想斷絕往來，往後不再有任何瓜葛，就直接悄悄將對方從你的手機聯絡人和社群網站中移除吧。什麼也不用多說。只要不動聲色，不把氣氛搞僵，靜靜地離開，這樣就行了。

如果覺得還不至於走到斷絕往來這一步，就把對方說你壞話的事悄悄藏在心裡吧。當事人就不用提了，就算對別人也不能說，當作沒聽到這回事，收進記憶的抽屜裡。如果可以，不妨將它忘得一乾二淨，再也不去憶起。

能否維持和之前一樣的人際關係，其決定關鍵不是在對方，而是你。

②分析對方說的內容

正視與自己有關的負面意見，是很痛苦的一件事。但不管是怎樣的內容，都要先試著接受，然後思考「真的是我的錯嗎」。

在新的心理學領域中，有所謂的「NLP（自然語言處理）」。又稱作「腦部使用說明書」，是美國前總統歐巴馬等歷任總統，以及日本的鈴木一朗選手都曾經學過，用來提升自我的心理學。

NLP的基本思維是「對方的反應，是我溝通的成果」。對方要是生氣，就是因為我採取了「你快點生氣」的溝通方式。對方要是開心，就表示我採取了「你快點開心」的溝通方式。

基於這個想法，對方之所以會說我壞話，是因為我採取了「你快說我壞話」的溝通方式。儘管認為自己完全沒錯，但也許自己讓周遭人覺得「那傢伙真討人厭」。

這時候我們只作分析，暫時先別反省吧。一旦展開反省，勢必就會摻入個人情感，要試著抱持客觀的觀點，只看事實。

既然不希望對方再說你壞話，只要下次別採取會促成對方說你壞話的言行即可。不是老想著自己不對，而是去想自己的溝通出了問題，這是其要訣。

③搞清楚是誰的問題

試著很單純地將壞話想作「這是誰的問題？」吧。

舉例來說，

當有人說「A真是個醜女對吧！」時，不管A是不是醜女，對周遭人完全不會造成任何問題。

A的容貌問題，是A自己的問題，與他人無關。她可以很明確地說「我的外表和你無關」，所以這個例子是「A個人的問題」。

「B的酒癖很差。每次和B一起喝酒，常都沒好事。之前也因為這樣而吃足了苦頭。」

像這種情況，酒癖差是B的問題，但這對因此而感到困擾的人來說，也是個問題。B無法明確地說一句「我的酒癖和你無關」，所以這「不光是B的問題」，同時也會是「和他一起的人所面對的問題」。

至於「覺得C很煩」，這是覺得C的行動很煩的人所面對的問題，C完全沒任何問題。這不是「C的問題」，而是「覺得煩的人所面對的問題」。

就像這樣，試著對壞話的內容分析出「這是誰的問題」，就能逐漸看出自己該怎麼做才好。

如果純粹是自己的問題，就別管它。如果是對方的問題，一樣別管它。如果覺得是自己與對方雙方的問題時，只要認為這能靠自己的行動去改善，這樣就行了。

Don't worry!
02

用說壞話來還擊

聽到別人說自己壞話，會很想指出對方的缺點，說一句「不過，那傢伙自己不是也有很差勁的地方嗎！」來加以還擊，但這不是明智之舉。

「那個人自己不也是會這樣嗎。」

就算說出這種話，聽的人是否就會贊同你的說法呢？

這樣只會被人用負面的觀點看待，例如「啊，真是輸不起」或是「我看這是失敗者的叫囂吧」。

一起說人壞話，或許會覺得心情舒暢，但這也只是暫時。一起說壞話的對象，有時也會轉為跟別人說「那個人講過這樣的壞話」。

要是別人說你壞話，要忍住想說對方壞話來還擊的衝動，選擇沉默以對。

Q 別人說自己壞話，想巧妙回應，該怎麼做才好呢？

別人說你壞話時，覺得無法默不作聲，想要還以顏色，讓對方就此閉嘴，很多人都會抱持這個想法對吧。以前的我也曾這麼想，也曾實際說對方壞話來還擊。

但我從中了解一個道理。應對壞話，最有效的並非以壞話來還擊。

要因應別人說的壞話，「不理它」才是最厲害的做法。

和人展開對話，或是進行溝通，會比喻成傳接球。

我們向對方丟球後，會在無意識下期待對方接球，也會在無意識下期待對方把球丟回來。

舉例來說，當你說一聲「早安」，丟出問候的球，心裡認為對方會接住球，

傳接球，巧妙閃過傷人的話語

回一句「早安」，將問候的球丟回來，所以當對方不理會你，會覺得很不是滋味，心想「這傢伙連好好問候也不會」、「他把我當空氣」。

不只限於問候，在人際關係的任何一種溝通上，也都是同樣的道理，也能套用在壞話上。

這話怎麼說呢？可以想見，如果丟出壞話這種負面的球，對方同樣也會丟負面的球回來。

當你對當事人說「你這個人可真爛」時，可以想見，對方肯定不會丟出「你說得是，真是抱歉」這樣的球回來，而是以「說這什麼話。你自己才爛呢」這種帶有攻擊性的球展開回擊。

也就是說，對方在說壞話時，就已等著接受同樣的負面回擊，所以往往會心想「接下來我要這樣說他」、「就用這樣來講得他說不出話來」，已作好接下來第二波、第三波攻勢。

別人說你壞話，你以壞話回敬，接著對方又辱罵你，你再回擊……

這種你說一句，我回一句的狀態一直持續下去，事情能圓滿解決嗎？對方會很坦然地說一句「我說你壞話，很對不起。是我不對」，而向你道歉嗎？

就算對方道歉，你是否就因此心情轉好呢？

聽別人說自己壞話而感到生氣，這種心情我很了解，但還是要忍下這口氣，學會不予理會的技巧。

如果非得回擊才能消氣的話，只要說一句「謝謝您寶貴的意見」就行了。以意想不到的球回擊，讓對方大失所望吧。

Q 對方說自己壞話，會想要展開回擊，這是為什麼呢？

話說，為什麼對方說自己壞話，就會想回一句「那傢伙自己不也一樣」，同樣以壞話來回擊呢？

我們擁有「對方對我方抱持怎樣的情感，我方也會對對方產生同樣的情感」的這種心理結構。

這在心理學上稱之為「**回報性的心理**」。

「回報性的心理」可分成「善意的回報性」與「惡意的回報性」兩種。

「A好像喜歡你呢」

聽朋友這麼說之後，對於原本並沒特別放在心上的A，馬上就會突然在意起來。甚至心想，我搞不好也喜歡A……

這便是「善意的回報性」，別人對我抱持好的情感，我也抱持好的情感，就是這樣的一種心理。

相反地，要是覺得：

「A可能討厭我」

是不是對A的感覺就會變得有點奇怪呢？

就像這樣，要是對方對自己抱持不好的情感，自己也會抱持不好的情感，這就是「惡意的回報性」。

回報性的心理發揮作用的原因之一，就是想要保護自己的「自我防衛」。

當別人以惡意或攻擊對待我們，我們為了保護自己，會發揮「反擊」的本能。因此，我們會想說壞話來反擊，或是攻擊對方。

要是聽別人說自己壞話，就想回一句「那傢伙自己不是也沒資格說別人嗎」，用壞話來反擊，這時，不妨先做個深呼吸，好好思考。

「這只是惡意的回報性發揮了作用。以說壞話來回擊對方的壞話，不是一種好做法。」

要是飛來壞話這樣的球，大可不必勉強去接，沒必要刻意丟回去給對方。你自己可以決定是要接，還是不理它。

Q 就算對方說我壞話，也不能對當事人回擊。但要是在社群網站上發文可以嗎？

回擊不好，這我明白。但一聲不吭，實在教人嚥不下這口氣，所以就在社群網站上發文回擊吧！……這種心情我懂。

但這麼做同樣也不行。就像我在第一章提到的，社群網站就如同是自己家的玄關。不知道誰什麼時候會看到，所以你說壞話的對象也很可能會看到。

此外，壞話是負面能量的聚合體。人腦會對負面資訊作出強烈的反應，所以其他人看到你寫的壞話，也會感到不舒服或嫌棄。

而更重要的是，在社群網站上寫人壞話，會失去別人的信賴。

「說A壞話的人，一定也會說B的壞話」，每個人應該都會這麼想。他們當然會當你是個「常說人壞話的人」。

在社群網站上寫人壞話，會讓看到的人感到不舒服，還會有損自己給人的信賴感，讓人覺得「這個人隨便就在社群網站上說別人壞話」，你不覺得這樣很可惜嗎？

就算那是只有你認可的人才能瀏覽的帳號，或者是完全匿名，沒人知道是你的帳號，還是一樣。

如果粹純只是想寫，大可以在帶鎖的日記上寫下滿滿的壞話，但刻意寫在社群網站上，帶有一種「有話想對某人說」的心情。

如果能想到這個層面，應該會覺得自己和那個說你壞話的人沒什麼兩樣。

看來，壞話還是少說為妙。

Don't worry!

03 當真了，會覺得自己很沒用而情緒低落

「聽到別人說自己壞話，這件事會一直在腦中打轉，就此情緒低落……」

這樣的人可不少。

會很想從這世上消失，或是再也無法相信別人，心情變得無比灰暗，無法回到之前什麼都不知道時的狀態。

我小學時很流行交換日記。在筆記本上寫些小事，三五好友之間互傳。

某天，我發現課桌裡擺了一本沒看過的筆記本。筆記的封面寫著「J與S的秘密交換日記」。

J和S都是我的同學，所以我一看就知道那是她們兩人的交換日記，但我不懂它為何會放在我的課桌裡，就這樣打開筆記本。

結果……我隨意翻開的頁面裡，有幾個地方都提到我的名字。我的心臟差點從嘴巴跳出來，我馬上合上筆記本。

雖然沒仔細看，但上頭確實寫了和我有關的壞話。

例如看了就有氣、狂妄、一點都不可愛等等。如今回想，小學生能說的壞話，不過也就那麼點能耐。而這也是因為我現在已長大成人，才能當笑話看待。

事情發生至今，都已將近四十年了，我卻仍清楚記得當時的事，可見當時的我有多受傷。

我無比沮喪。因為J和S平時都和我相處融洽，我一點都感覺不出她們討厭我。

我暗自啜泣。不想跟任何人談這件事，所以完全沒跟父母、老師、朋友們談這件事。我聽自己喜歡的音樂人的曲子、看書，藉此排解煩悶。儘管如此，還是抑鬱難平，所以我在自己的筆記本上寫下對J和S的感受。

一開始我寫下「J和S最討厭了」，寫她們兩人的壞話，但後來連在筆記本上寫這些話語，我都覺得討厭，改為寫「我再也不跟她們兩人好了」、「我再也不跟J和S玩了」，最後我連寫都覺得累，她們兩人的事我已不在乎，就此把寫過的頁面撕碎扔了。後來我告訴J和S，我發現那本筆記在我的課桌裡，稍微看過裡頭的內容，並對她們說「要是妳們討厭我的話，可以不用再找我一塊玩沒關係」。

現在回頭看，如果以情緒低落時所採取的行動來看，我那一連串的行動可說是正確無誤。

首先，我大哭一場。這是接受自己「受傷」的情感，很重要的一項作業。這時候如果硬是忍住淚水，心想「我就裝沒看見吧」、「我才沒受傷呢」，而自己騙自己，那可就大錯特錯了。

接著我埋首於音樂和閱讀。這是轉換心情的好方法，比起一直想同樣的事，這種運用時間的方式相當有效。

接著我在筆記裡寫下自己的情感。邊寫邊整理自己的思緒，這樣同時也能抒發自己心中紛亂的情感，具有淨化作用（內心的淨化作用）。而把頁面撕碎丟棄，則是最佳的自我療癒。

正因為有這個過程，我才能對J和S說「要是妳們討厭我的話，可以不用再找我一塊玩沒關係」，傳達出我自己的心聲。

那麼，後來我是否跟J和S絕交了呢，其實沒有。我們沒像以前那樣一起玩、一起寫信互傳，但還是以同班同學的關係來往。並未因此感到寂寞或後悔。

我從這個經驗中了解「別勉強自己」的道理。

不是自己想要的人際關係，可以不必勉強自己維持下去。

當然了，如果我對J和S說「我如果有不好的地方，我會改，希望我們今後還是繼續當朋友」，也不算有錯。這時候需要的不是行動和結果，而是達成結果的過程。

情緒沮喪時的三步驟

1 接受情感……要哭也行，要生氣也行。重點在於別對自己的情感蓋上蓋子
2 埋首於嗜好中……埋首於自己喜歡的事情上，以此轉換心情
3 表現情感……寫下來、找人訴說、畫圖、彈奏樂器等，讓情感顯露於外

我們只要一有空，就不會想正經事。腦袋只要無聊，就容易陷入負面思考。一旦思考變得負面，不妨試著刻意接收新的刺激。像是看新書、新的漫畫，看新上映的電影，也是不錯的選擇。此外，晚上往往比較會產生負面思考，所以如果能早點就寢，精神層面的恢復速度也會加快許多。

Don't worry!

04

逃避現實

一遇到痛苦的事，就想從這樣的事件中逃離。

因為一想起就覺得難受，所以可能會喝酒、吞安眠藥，不想一個人獨處，所以和不喜歡的異性一起共度。

這種逃避的行為，稱作「逃避現實」，有時是為了生存所必需的防衛本能。不過，過度的「逃避現實」不值得鼓勵。因為最後只會更加折磨自己，將自己逼入絕境。

對於說壞話的人，沒人可以阻止他們的行徑。除了足不出戶，一概不使用網路，也不和任何人有往來外，就沒有方法可以避免別人說你壞話。

要怎麼做才可以不用逃避現實呢，找尋這個方法相當重要。

接下來會挑選出幾個逃避現實的例子，及其應對方式。

常見的逃避方式 一有難過的事，就猛灌酒、暴飲暴食

一遇上難過的事，酒就會喝超出平時的量，或是一味地狂吃蛋糕，你是否也有這種猛灌酒、暴飲暴食的經驗呢？

其實這種行為，是身體感受到壓力時，為了調整內心的平衡，而由人的本能所引發的反應。

我們的身體有「交感神經」和「副交感神經」這兩種自律神經系統。

在眾人面前講話時會緊張、專注在事物上、因運動而處在興奮狀態時，會優先發揮作用的是「交感神經」，至於「副交感神經」則是在吃東西、泡澡，整個人放鬆時會優先發揮作用。

一般來說，這兩種神經會保持平衡，不過一旦施加強大的壓力，就會失去平衡，轉為由「交感神經」占優勢，「副交感神經」的功能降低。

人們感受到壓力，雖然有程度的差異，但這就如同是感覺到有生命危險，所以說得誇張一點，可說是如同處在生死關頭的狀態下一般。

身體當「交感神經」占優勢時，會想取得平衡。吃吃喝喝會活化「副交感神經」，所以我們在無意識下展開調整，想保持平衡。

就像這樣，猛灌酒、暴飲暴食，如果程度不嚴重，並無危害。但如果太過度，就會危及健康。

首先，酒會影響中樞神經系統，所以具有緩和內心傷痛和不安的效果，可以短暫壓制令人難過的現實。不過，這種效果無法長時間持續。等時間一過，難過的心情同樣又會湧上心頭。到時為了想忘掉它，而又再度喝酒，便會造成酒癮。

或許你會認為，只是暴飲暴食的話，不會有問題的，但要是暴飲暴食養成習慣，會引發進食障礙。

重要的是別自己一個人猛灌酒、暴飲暴食。不妨和人一起邊聊天，邊喝酒用餐吧。

常見的逃避方式　因為想逃避現實而割腕

割腕是一種自殘的行為。以刀子割傷自己身體，主要是割傷手腕的行為。手腕的傷痕很明顯，所以也有人會傷害短袖衣服能遮掩的上臂、腳，或是腹部等部位，以年輕人為主，正逐年普遍化。

就像各位所想像的，割腕很痛。大家並不是因為疼痛會帶來快感才割腕。而是藉由割腕來轉移不知如何是好，無處宣洩的情緒。

人都有情感。

對於發生的事，湧現「悲傷」或「難過」之類的情感，流淚或是發牢騷，每次都這樣來應對，以此面對人生。

但是割腕的人，在情感的應對上不太拿手。他們往往是從小生長的過程便一直在壓抑自己的情感，不懂得如何展現情感。

因為不懂如何應對湧現心頭的傷痛，所以藉由割腕來感覺身體的疼痛，以取代內心的傷痛。

明明難過得想哭，卻一直在忍耐，久而久之，大腦會對「難過到想哭」的這種心情變得遲鈍。不過，內心深處「難過到想哭」的心情並未消失，所以內心與行為產生矛盾。而用來蒙混這個矛盾的，便是割腕。

如果你要割腕的話，我誠摯地建議你別這麼做。

「我傷害的是自己的身體，為什麼不行」，你或許會這麼想，但割腕之所以不妥，就在於它是自殘的行為。

因為是身體代為感受內心的傷痛，所以難過的情感或許能得到暫時的減輕，但內心的問題並未就此解決，所以內心仍舊抱持著痛苦。

它並不是魔法，不會割腕後內心的痛苦便瞬間消失。為了時髦而穿耳環或刺青，雖然同樣是傷害身體的行為，但情況完全不同。

如果受到想割腕的衝動驅使，不妨先心想「我的內心與行動產生矛盾了」，要覺察自己的心情。明明是你自己的內心，但最重要的你卻沒發現它，那實在太可憐了。**你的內心、你的身體，都是你個人所有**。至少你得好好疼愛它們。

常見的逃避方式

不想一個人獨處，而跟不喜歡的異性一起共度

有人溫柔對待自己、關心自己，會感到心情平靜對吧。

不想一個人獨處時，擁有能一起共度時間的朋友非常重要。

不過，如果是以和異性發生性行為當前提，這便是危險訊號了。

因為這種情況如果反覆上演，便會在無意識間認為「我的價值只有身體」。

以性行為來確認自己的價值，與異性見面時，感覺內心很滿足。但這也只是暫時。就只是「覺得滿足」，所以很快又會變得空虛。為了加以滿足，又與異性發生關係……如此一再反覆，成為習慣，這稱作「自我毀滅行為」，是自己毀了自己內心的行為。

如果將這時候的內心比喻成水桶，那是個底部破了個洞的水桶。不管裝再多水，因為水桶底部開了個洞，所以永遠也裝不滿。儘管如此，還是不斷地裝水，感覺很空虛對吧。

受傷、痛苦、覺得一個人獨處很難受時，不妨找不會有性行為的對象一起共度吧。如果沒獻上妳的「肉體」，對方一樣會聽妳說，對妳說的話有同感，安慰妳，妳內心的破洞就會慢慢癒合。

儘管沒獻上「肉體」，妳仍是很有價值的人，千萬別忘了這點哦。

Don't worry!
05

身陷負面的泥沼中，無法自拔

如果用風景來比喻正向，那就是晴空萬里、以開滿五顏六色的鮮花傲人的庭園。藍天下的庭園，有許多人造訪。大家一起拍照、坐在長椅上休息……四周歡笑洋溢。

而另一方面，負面則是位於昏暗的深山裡，一片荒蕪的沼澤地。一處最適合非法丟棄垃圾或是棄屍等犯罪行為的場所。似乎遇上不明生物或毒蛇的危險性也相當高。感覺會有生命危險，想早點離開的場所，沒人臉上掛著笑容。

被捲入負面漩渦中的你，現在就處在這座深山裡的荒蕪沼澤地裡。獨自一人待在這種場所，很寂寞對吧。趁早離開那個地方吧。

那麼，你要怎麼做，才能從中脫身呢？

「有沒有人可以來幫我呢。」

「我想跳脫，但感覺自己動彈不得。」

現在哪還能悠哉地說這種話呢。再這樣拖拖拉拉下去，會愈陷愈深，難以脫身。就算有人剛好路過，你要是不大聲喊「救救我！」對方也不會發現。

就算有人出現，朝你伸手說「我從上面拉你起來」，他也可能一握住你的手，便對你說「你如果不準備好一大筆錢給我，我就鬆手。」

這樣說似乎有點殘酷，不過，不能指望別人。你得靠自己脫身才行。

話雖如此，這種事說來簡單，執行起來卻很困難。

因此，在這裡教各位用來從泥沼脫身的三「不」。

得靠自己從掉落的洞穴裡脫身才行

①不去想「為什麼？」

在人際關係上只要發生難過的事，就忍不住會想「為什麼」，例如「為什麼會變成這樣」、「為什麼那個人會說那種話」、「為什麼我會這麼做」。

不過，那樣只是白白浪費時間和心思。原因有二。

第一，**不管你再怎麼絞盡腦汁，也絕對無法搞懂對方的心思**。

「為什麼那個人要說那種話」，就算你這麼想，你也不是「那個人」，所以無法推測出「那個人」的心思。

對方說那句話的真正意思，可能就像你所想的，也可能不是。儘管直接問對方「你是怎麼想的？」對方也不見得會告訴你正確答案。

不管再怎麼想也想不透的事，乾脆就別去想吧。

第二，不管你再怎麼祈求，也**絕不可能回到過去**。

「為什麼會變成這樣呢？」

就算這麼想，也無法回到過去重新來過。

已發生的事無法改變。

「當時要是我那麼做的話」，即使為過去感到懊悔，也無濟於事。既然這樣，還不如反省過去，心想「下次就這麼做吧」，將經驗活用在未來，這麼想才是明智之舉。

雖然我斷言過去絕不可能改變，但其實我有一項秘招，可以改變過去。

那就是「改變現在的行動」。

藉由接收過去的經驗，展開學習，自己就此成長時，過去的含意會就此完全改變。

舉例來說，你不小心洩露朋友的秘密，就此失去朋友的信任。洩露秘密的既定事實無法改變，但如果你深切反省，成為一個絕不洩露別人秘密、守口如瓶的人，你便能託過去的福而成長。

換句話說，只要**從過去的經驗中學習，便能對未來產生影響**，就是這樣的想法。

如果對過去感到後悔，哪怕只有一點點也好，就從中學習吧。

②不受過去束縛

「因為過去發生過那樣的事，所以我已經沒辦法了……」

我在接受諮詢時，很多人都會這麼說，但我並不這麼認為。

就把它當作是過去，暫時先擱下就行了。今後的未來可以隨自己的意思去創造，所以沒必要受過去束縛。

「可是……」

感到猶豫不決的你，先別生氣，請稍微試著想想。

你該不會是「希望被過去束縛」吧？

「因為過去發生過那樣的事，所以我已經沒辦法了……」

這樣的思考稱作「**原因論型思考**」。

意思是過去發生的事，限制了自己現在的行動，或是帶來影響。

舉例來說：

「因為我肚子痛，所以向學校請假。」

這是因為肚子痛，而產生向學校請假的結果。

如果一切安好，就會去上學，但因為肚子痛，所以不能去上學，也能採用這樣的說法。如果去醫院，便會根據昨天的飲食內容或最近的身體狀況，而推測肚子痛的原因，展開治療。但也有上了醫院，也吃了藥，但肚子痛的問題還是沒改善的情形。不過，請假沒去上學後，身體狀況就恢復了。

這時候會浮現某個疑問。

「其實是為了請假不去上學，才說自己肚子痛吧？」

換句話說，為了達成不去上學的目的，而作出說自己肚子痛的選擇。

這是否能套用在你過去的經驗中呢？

「因為過去發生過那樣的事，所以我已經沒辦法了……」

因為過去，現在認為自己沒辦法做到。但其實並非如此，是因為自己想維持沒辦法做到的現狀（目的），才以過去當理由吧？

我之所以在前面先說一句「先別生氣，請稍微試著想想」，是因為聽了「以過去當理由，來讓現在的自己正當化」這句話，任誰也會生氣，或者是想加以否定。

不過，拿著這本書的你，應該是很想改變自己。

所以我才刻意如此直接地傳達這個想法。

你之所以受過去束縛，該不會是因為你覺得維持現狀比較好吧？

以前有位大學生D先生說「我原本是社交型的人，但因為過去有人說我壞話，我就此變得個性陰沉」，為此苦惱。

但D先生並非因為過去才變得個性陰沉。他是為了避免有人又說他壞話，而讓自己的個性變得內向。

與D先生經過幾次對話，慢慢敞開心房後，他認為「我希望能改變自己，就算有人說我壞話，也能處之泰然」，而開始放眼未來。現在他已經強化自己的精神層面，培育出不會因為一點小事情就沮喪的個性，總是帶著笑容到大學上課。

個性可以由自己決定。說得更加明白一點，你**現在的個性，都是你自己決**

定的。

③不害怕外面的世界

雖然我將負面比喻成深山裡一片荒蕪的沼澤地，但之所以無法從中走出，也可說是因為外面的世界是未知的場所。

就算從沼澤地裡脫身，但可能外面有大熊，會被牠吃了。在森林裡奔跑時，也可能會被毒蛇從樹上襲擊咬傷。就算遇上人類，對方也可能是壞蛋……

俗話說「井蛙不可以語海」。這是用來比喻被自己狹小的知識和經驗所局限，而不知道另外有個廣闊的世界。

你雖然討厭待在一片荒蕪的沼澤地，但可能也怕到外面去，所以才會作出「留在這裡」的選擇。

害怕未知的事物，就人的本能來說，是很理所當然的事。

據說人的大腦有爬蟲類腦、哺乳類腦、人腦這三個領域。

「爬蟲類腦」掌管求生的基本本能。它控制呼吸、體溫，與進食、睡覺等維持生命的活動，以及感應到危險就逃跑的防衛本能也有關係。

「哺乳類腦」掌管喜歡、討厭、安心、害怕等基本的情感。為了團體生活而與同伴互助合作、對於像嬰兒這樣的弱者會發揮慈愛，這都是哺乳類腦的功能所致。

「人腦」控制邏輯性思考。抱持目的而行動、預測未來思考戰略，具有這些功能。

如果以對思考的影響力來談到這三種腦，可以說爬蟲類腦最強，人腦最弱。而有研究結果指出，人腦在決定好「好，我要做」的幾秒前，爬蟲類腦其實已決定好行動。爬蟲類腦與人的本能就是如此密切。

而這麼強的爬蟲類腦，它最大的目的是「活下去」，所以很討厭新的事物和未知的事物。遇上全新的事物或是未知的狀況，會搞不清楚這究竟是危險還是安全，所以這也是理所當然。

請試著回想一下。

在你小學或國中時，有過換班的經驗嗎？

新教室、新導師、新同學……

是否會感到有點不安呢？

不久前，TWITTER突然改名為「X」。不過只是改名而已，我們一般的用戶幾乎還是能跟以前一樣使用，卻有許多人反彈，對圖示改變感到嫌棄。這也是因為大腦討厭新的事物，受大腦影響。

人們對於每天的例行工作或熟悉的狀況，會感到安心。因此對於自己所處的環境、交友關係，甚至是自己的思維，都很難以改變。生存所需的本能，會創造出「只要我自己忍耐的話……」「明天或許會好一點吧……」「與其採取行動，搞得情況更糟，不如什麼都不做，維持現在這種糟糕的情況還比較好……」這樣的思維。

但請仔細想想。**要是就這樣原地踏步，就只會有一個選項，但如果到外頭去，就會有無限多的選項。**

請不要忘記，自己所處的環境、交友關係，甚至是自己的個性，都可以藉由你自己的決定而隨意改變。

Column 2

我的內心不受任何人傷害，所以正確來說，可算是鑽石之心吧

羅蘭

這是羅蘭對推特上一則「羅蘭先生的鋼鐵之心，令我無比尊敬！（二〇一八年十二月三十一日）」的發言所作的回覆。

羅蘭十八歲以牛郎的身分出道，二十一歲便擔任當時所屬店面的社長。現在是涉足美容沙龍和服裝品牌等領域的企業家，表現活躍。

他說的話都成為「名言」，而當中我覺得特別出色的，就是這句「鑽石之心」。

人們常說羅蘭有顆「鋼鐵之心」，而他刻意將它改換成「鑽石」。羅蘭的回覆內容很短，但寓意深遠。

首先，鑽石是存在於地球上的天然物質中，最堅硬的材質。

而這位推主將羅蘭堅韌的內心比喻成鋼鐵，不過鑽石比鋼鐵還硬，所以羅蘭說「我的內心比你想的還要堅韌。地球上沒人可以傷害我的心」。

而另一方面，鐵明明是遠不及鑽石來得堅硬的材質，但鑽石卻無法傷害鐵。

如果想用鑽石來傷害鐵，會發生什麼事……？

據說鑽石會變得傷痕累累。

鑽石是地球上最堅硬的材質，所以似乎什麼東西都能夠削去，但其實不然。

也就是說，羅蘭那句話的意思同時也說明了：

「沒人可以傷害我的內心，而我也不會想傷害任何人。因為如果我想傷害誰的話，我自己反而也會遍體鱗傷」。

此外，鑽石就像大家所知道的，是一種很昂貴的寶石。

原石外表看起來凹凸不平，就像很常見的石頭一樣，但研磨後亮度會大幅提升，價值也跟著提高。

羅蘭或許也是藉由將內心比喻成鑽石，暗指：

「我的存在有非凡的價值。愈研磨愈美，如果以光線照射，會更光彩奪目」，以此提高自我肯定感。

擁有不受任何人傷害的堅韌，卻沒有會傷人的銳利，如果想傷害別人，反而會讓自己感到疲憊。

這樣的自己頗具價值，愈是研磨，愈能綻放美麗的光采。

短短一句和鑽石有關的話，竟暗藏了這麼深的含意，羅蘭果然不簡單。

覺得「我很強」，也許不算是真的強。

他教會我們，唯有同時擁有體貼他人及自己的心思，才算是擁有堅韌的心，這樣的思維，希望大家也能參考。

第3章

將壞話轉換成能量！

Don't worry!

01

壞話是汽油！以四種類型來轉換成能量

「就算有人說壞話，也別在意。」

前面我一再寫到這個觀念，但還是忍不住會在意，這樣只能說「因為是我自己的個性使然，沒辦法」。

不過，既然一輩子都得面對「別人說的每一句壞話都會在意」的自己，不妨乾脆反過來利用別人說的壞話如何？

我曾向提倡「誇獎培育」，利用誇獎來培育人的原邦雄先生詢問「要是別人說你壞話，你會心情沮喪嗎？」結果他說「只要反過來利用壞話就好了啊」，令我大為吃驚。它帶給我啟發，我就此想出將壞話轉變成能量的方法。

這方法是將我們看作是汽車，將壞話看作是燃料。

每臺汽車都有其適合的燃料。

汽車的燃料有以下四種。

普通汽油……一般車輛能用的汽油燃料。普通汽油車就算加高級汽油也沒問題。

高級汽油……高級車常用的燃料。價格比普通汽油高。指定使用高級汽油的車子，就算加普通汽油，也不會馬上故障，但有時會造成引擎的馬力下滑，或是引擎故障。

柴油……能加這種油的車輛有限定。由於引擎的構造不同，非指定加柴油的車輛（普通汽油車、高級汽油車）不能加這種油。

劣質汽油……目的在於增加燃料的量，在普通汽油中摻入少許燈油，來路不正的汽油。由於禁止販售，現在幾乎都看不到了，但據說有人仍暗中交易。

在此將壞話套用在這四種汽油上。如果有人說你壞話，就試著想想那到底是屬於哪一種類型。不同類型有不同的應對方法，所以你應該能以出奇冷靜的態度去接受別人說的壞話。

①普通汽油類型的壞話　別名「鄙視型」

居高臨下的視線度★★★　自我肯定度★★★　參考度★☆☆

得意技：很懂得用障眼法，感覺一點都不像是壞話

關鍵句：「入境隨俗」、「這世界可沒你想的那麼簡單」、「和大家一樣就對了」

普通汽油類型的壞話，是日常生活中最多也最普遍的壞話。

認定對方和自己同等級，或是等級更低時，會說出這樣的壞話，當眼界狹

壞話是汽油

窄，只會以自己的標準去衡量事物時，便會出現這種情形。

說這種類型壞話的人，看見你來到比他還高的層次，會覺得很不甘心。

他希望自己能永遠站在比你還高的位置，跌落時也要一起跌落，往上爬的時候，只有他自己往上爬，總是抱持這種以自我為中心的想法，所以他害怕你拋下他自己走遠，因而忍不住說你壞話。

總是拿自己和某人比較，看別

人不如自己才感到安心的類型。由於才能和特性都不是特別突出，所以隱隱感到不安和焦躁。

暢銷作家橘玲先生在他的著作《笨蛋和無知》中這樣說道：

「笨蛋是太高估自己的能力」

像念書的能力、說話的品味等等，當我們在各方面拿自己與周遭人比較時，許多人都會認為「我比周遭人優秀」，給自己過高的評價。

儘管表面上說「我還差得遠呢」、「我沒這個能耐」，表現得很謙遜，但心裡卻暗自認為「我比周遭人能幹」。

就像這樣，給自己過高的評價，就像動物的習性一樣，並非什麼壞事。甚至可以說，比起自卑感太強烈，給自己過高的評價反而還比較幸福。

問題在於過度強烈展現出這種習性的情況。

- **自己沒能力的事裝沒看見，只認為「除了我之外，每個人都是笨蛋」，瞧不起自己以外的其他人。**
- **就算發生對自己不利的事，也無法加以解決（或者應該說不想處理），而把矛頭朝向社會，批評「現在的教育真差，政治真黑暗」。**

橘先生在他的書中一針見血地批評這種想法，看了令人大呼痛快。

「笨蛋的問題，在於沒發現自己是笨蛋。因為他是笨蛋。」

而有趣的是，這並非橘先生個人的論點，而是許多心理學家的研究結果，名為「**鄧寧-克魯格效應**」。

根據鄧寧-克魯格效應，認為「大腦看到比自己差的人，會有一種獲得誇獎的感覺」。

相反地，面對比自己優秀的人，則會「有種吃虧的感覺」。

「你就是都做這種事，所以才做不好。」

「你得更巧妙地處理才行。」

這種高傲的發言，是因為認定「我很行」才會說出這種話來。他們的腦中占滿了別人的誇獎。

由於他們認為「我很行」，給自己過高的評價，所以不會想進一步學習知識和經驗。由於沒有成長，所以總是原地踏步，但感覺到某人有所成長後，又會感到焦急、不甘心，所以才說人壞話，讓自己的情緒平靜下來。

由於認為自己永遠是對的，所以無法坦然聽取別人不同的意見，但其實其知識量和經驗都只有平均水平，甚至在水平以下。因此，這種人同時也是容易中迴力鏢，而被人嗆一句「你少說話」的那種類型。

面對普通汽油類型的壞話，不妨心想「可惡！你有資格說別人嗎！我一定要讓你好好見識我的厲害」，將它轉化為能量吧。

②高級汽油類型的壞話　別名「建議型」

居高臨下的視線度★★★　自我肯定度★★☆　參考度★★★
得意技：沒人要求，卻自己給建議
關鍵句：「我是為你好才這麼說」

四種類型中，最像樣的壞話。
出沒頻率最低，只要換個說話方式的話，是內容值得一聽的壞話。
說這種類型壞話的人，對於自己所做的事，具有相當程度的自信。他們大多是立志向上型的人，這是其特徵，他們自己也都朝目標邁進，為了達成目標，展開各種努力。

所以才會時常明明對方沒提出要求，卻自己給建議，說一些像「你當時要是這麼做就好了」「你就是這樣才都做不好」這類的話。

說好聽一點，是像大哥、大姊，喜歡照顧後輩的類型。

既然要給建議，大可當面說，但其實他們對自己的評價沒那麼高，自己也知道：

「我沒資格當面對他講這種大話……」所以這份謙虛產生負面的作用，就此變成說人壞話。

「說『我是為你好』的人，不妨回敬他們一句『請為你自己而活』吧。」

這是出現在叶恭子小姐的手翻日曆《幸福日曆31個哲學》中的一句話。

「我是為你好。」

說這麼一句話，特地為身為他人的我著想，真是感謝啊。

不過，

「你要是肯坦然接納我的做法不就沒事了嗎，就是因為你不聽，才會做不好。」

「比起那種做法，我的做法好太多了，但你為什麼不這麼做？」

「我是為你好才這麼說，你這樣的話是不會成功的。」

就算對方這麼說，聽了還是會覺得很厭煩。

「你想說的我懂。不過，為什麼要用這麼傲慢的態度說？」

如果你會很想這樣吐槽的話，對方說的壞話便算是高級汽油型。

身為精神科醫師，同時也是暢銷作家的樺澤紫苑老師，在他自己的YOUTUBE上，針對壞話發表了他的看法。

「如果有人說你壞話，不妨先進行回饋（回顧反省）吧。」

有人說自己壞話，聽了心裡當然不會好受，但不妨想想，引來別人說壞話的一方，或許也有其原因，就是這種正向的接納方式。

就算有人說自己壞話，也毫不在意，不會因此受傷，確實有這樣的人存在。我很羨慕這樣的人，但如果換個看法，這也可以說是「失去發現自己缺點的機會」。

舉例來說：

「那傢伙寫的文章，都不加標點符號，而且愛用艱澀的語彙，所以很難看懂他究竟想表達什麼。」

假設有人這麼說你，你聽了之後想必會大感震驚吧，但你也能換個想法：

「這樣啊，原來我的文章因為沒有標點符號，不易閱讀，而且艱澀的字彙較多，所以無法傳達出我想說的話。」

可就此得到回饋。若從下次開始，能留意加上標點符號，或是選用淺顯易懂的語彙，多花點心思，讓文章更容易閱讀，這麼一來，你的寫作能力便可大幅提升。

這樣的結果，使得「很難看懂他究竟想表達什麼」這樣的壞話，變得不再是壞話，而是「發現自己該改善之處的契機」，由負面轉為正向。

雖然無法讓對方改變他的說話方式，但你應該能改變自己的看待方式。

「那個人的說話方式雖然很討人厭，但講的也有道理」，如果能發現這點，你就算賺到了。

從壞話中看出自己的問題點，加以改善時，別人說你壞話的事就再也不會放在心上了。

③柴油類型的壞話　別名「傳聞型」

居高臨下的視線度★★☆　自我肯定度★☆☆　參考度☆☆☆

得意技：以壞話來產生連帶感

關鍵句：「我沒說過那種話哦」、「我是無所謂啦！」

像在班上、職場、媽媽們之間，親暱關係的小群體很常發生的，就是這種柴油類型的壞話。就如同柴油指定車只能加柴油一樣，這種類型的壞話對同伴以外的人行不通，所以對第三者來說，這是完全不感興趣的話題。

內容大多也是像「感覺很差」、「不懂得看氣氛」、「很跩」、「有點受不了他」這樣，含糊不明，沒有明確的根據。

說這類類型壞話的人，通常都只是以壞話來當作與他人拉近關係用的題材。只要有三個以上的閒人湊在一起，就容易發生，要是不加入這說人壞話的圈子裡，就會形成一股怪異的氣氛。因此，也很多人是勉為其難地加入，這是其特徵。

因為「只是想要說人壞話」，所以話題一下子就會改變。像三姑六婆聚在一起聊天、女生聚會的閒聊等，可以說有九成都是由這種柴油類型的壞話所構成的。

此外，要多人聚在一起才會發揮其本領，所以對個人來說，他們並不是多壞的人。他們說的壞話，始終都只是「享受現場的氣氛」、「配合周遭人」的話題，幾乎沒有惡意，甚至連說過的內容都很快就忘了。

因此，就算說人壞話的事被發現，他們也會回一句「我沒說過那種話哦」，擁有很方便的思維，能篡改自己的記憶。

因為談的都不是會激起什麼風波的內容，所以在說壞話時，當事人要是剛好出現，也能馬上裝作沒事，這也是其特徵。

這種類型的壞話，其實並非在場的所有人都認為「說得沒錯！」有時是為了不打亂現場的氣氛，而姑且附和道「是啊」，有時是雖然不那麼認為，但因為無法提出反駁，只好當個聆聽者。

因為要是只有一個人回答「我不這麼認為」，下次將會換自己成為眾人說壞話的目標。此外，要是說一句「說別人壞話不好」，說壞話的人們會馬上感到不安。

「咦，我說了很丟人的話嗎？」

「咦，我只是發發牢騷而已，結果反過來換自己被人瞧不起嗎？」

就像這樣，會對自己的行為產生一股罪惡感。

但人這種生物會希望「我是對的」，所以為了讓自己正當化，接下來會說「那個人很不上道呢」，將提出反駁的對方塑造成壞人。

這樣各位是否明白，這種柴油類型的壞話有多無聊了嗎，根本沒必要為此苦惱。

話雖如此，要是知道同伴之間有人說你壞話，應該還是會大受打擊吧。

這種時候，請憶起這句諺語。

「傳聞最多也只傳七十五天」

這種類型的壞話就只是「用來拉近關係的工具」，所以你愈是多方解釋「不，不是這樣。這件事其實是……」別人愈會說「他那極力辯解的模樣真噁心」，只會引發二次傷害。

或許會覺得很不甘心，但這時候不回嘴，保持沉默，才是明智之舉。

俗諺中提到「七十五天」，不過現在是資訊充斥的時代，所以時間過得更快，只要短短幾小時，關於你的壞話就成了「過時」的話題。不妨放寬心，沉默度過這段時間吧。

④劣質汽油類型的壞話　別名「垃圾」

居高臨下的視線度★★★　自我肯定度☆☆☆　參考度☆☆☆

得意技：發現藝人的八卦

關鍵句：「可是，我覺得一定不會順利的」、「別人的不幸是甜蜜」

這四種壞話類型中，最惡劣低俗的，就是這種類型。

說這種類型壞話的人，自己的事一概擺一旁，也不努力，就只會瞧不起對方。雖然知道對方比自己更好，但就是不肯接受這個事實。

因為不能坦然說一句「真羨慕」、「真好」，所以總是有嫉妒心和自卑感。他們無法正視這樣的自己，為了保護自己而四處口出惡言。

要是對方感到受傷，自己就覺得好過，就是出於這麼低俗的理由，但當事人極力保護自己，愈是口出惡言，愈能保持冷靜，擁有像反比例函數圖表般的思考。

不過，當事人對於自己處在底端的現狀，既不想去改變，也無法從中脫身。

這種類型的壞話，基本上全是像「醜八怪」、「笨蛋」、「無能」這一類用簡短的字彙便能說的話。不太用大腦，便能讓人感到不悅，很沒水準的壞話。

舉例來說，要是有人問「醜八怪的定義是什麼？」沒人可以簡潔地回答。因為每個人有各自的價值觀，無法用世界共通的認知來加以定義。

有人的目標是擁有像人偶般的臉，因而反覆做了數十次，甚至數百次的整型手術。當事人每動一次手術，就覺得自己愈接近理想一分，而另一方面，也有人認為「妳手術前明明就是個美女啊」。現代人都說有雙眼皮的大眼、高挺的鼻子、白瓷般的肌膚、修長的身材，這樣才是美女，但在一千二百年前，身材豐滿，留著一頭豐沛黑髮、有知識和教養的女性，號稱「平安美人」。住在泰國和緬甸的巴東族女性，脖子長才是美女，而在茅利塔尼亞，肥胖才是美的象徵。

就像這樣，沒有清楚的定義，且無法以數值顯示的事物，全憑個人的價值觀來決定。

「那是你個人的感想吧」，這句二〇二二年小學生流行語排行第一名（由倍樂生公司調查），博之先生所說的話，剛好很適合套用在這類型的壞話上。

「醜八怪！（……我是這麼認為）」

就像這句話一樣，最後一定會附上「我是這麼認為」。

「我是醜八怪嗎？太令人震驚了。到底是哪裡長得醜呢？」

這麼想根本是浪費時間。

從這句壞話中非但得不到半點收穫，光是傳進耳中就令全身遭受汙染。完全沒聆聽的價值，還是早點將它擋掉吧。

Don't worry!
02

擺架子的人的心理

「你沒出過國？我都出國五次了。」

「我爸爸的信用卡隨我用。打工？我沒辦法工作。」

「○○大學？哪裡的大學啊？從來沒聽過。啊，我念的是國立大學的醫學院。」

在這樣的對話中，是否會感到「火大」、「心情煩躁」呢？

這種情形就像「擺架子」。

擺架子是來自英文的MOUNT，原本是「攀登」、「跨坐」的意思。從中衍生出動物跨在對方身上，具有誇耀「我比你強哦！」的意思。在格鬥技中，如果採取騎乘位，就能將情勢帶往對自己有利的方向。

二〇一四年的流行語大獎中，「MOUNTING」一詞獲得推薦，現在它已被當成「擺架子」的負面含意，用來表示自己現在占有優勢。上一頁開頭的文章，分別可以說是擺出常出國的架子、擺出家裡很有錢的架子、擺出高學歷的架子。

擺架子又細分成各種種類，當中也存在著像「咦～！剛才談到的那本小說，你沒看過？」這樣，會讓人覺得「咦？剛才她是在向我擺架子嗎？」很神秘的擺架子方式。

你周遭一定也有愛擺架子的人，他們腦子裡到底在想什麼呢？

舉例來說，在動物的世界裡，巨大有力的動物能稱王。

公孔雀的裝飾羽毛愈氣派，愈受母孔雀青睞。
公蟬的叫聲愈有力、清亮，愈受母蟬喜愛。
在生物的世界裡，外表的豪華、叫聲的響亮、外貌的美麗，都會是展現自己優勢的武器。
在人類的世界裡，動不動就有許多外貌比自己好的人、歌唱得比自己好的人，所以我們時時都得找尋能讓自己比別人展現更多優勢的材料。因此，一旦出現有可能展現自己優勢的話題，就會說「啊！那個我知道！」無比開心。換句話說，擺架子是一種本能。
不過，如果是擁有一般感性的人，儘管與他人比較後得到優越感，也不會刻意跟對方說。
這就是會擺架子的人和不會擺架子的人之間存在的差異。
為什麼要刻意說出來呢？
這就是擺架子的人內心脆弱的地方。

擺架子的人其實對自己沒什麼自信。

他們不覺得自己有價值，與別人比較會感到不安，所以才很想得到優越感。

這種想獲得周遭人誇讚「真厲害！」「真好」，得到認同的欲望，稱作「**尊重需求**」。

「尊重」是某人認同自己的意思，所以如果是自己一個人感到滿足的「自我滿足」，還嫌不夠。

我很厲害、這種事我辦得到、我擁有這樣的東西……如果不持續這樣擺架子，內心便無法得到滿足。

擺架子的人不光只有這些問題。

舉例來說，如果自己是某知名企業的社長，或是以第一名的成績從國外很難申請到的大學畢業就好了（不過，這樣的人都不會想要擺架子），可偏偏又沒有足以向人炫耀的長處，還是很想擺架子，所以就想藉由「否定對方，貶低對方」，表現出自己比對方更有優勢。

「妳連這種事都不知道，竟然還好意思自稱是老師。」

這是某位男性實際對我說過的話。

我已完全不記得名字和長相的那位男性，一聽到我自我介紹說「我是溝通方面的老師」，便問我「那麼，妳知道〇〇法則嗎？」

因為我不知道他說的那項法則，所以我回答「我不太清楚。請問是怎樣的法則呢？」接著他便冷笑道「妳連這種事都不知道……」

附帶一提，我認為不光只有心理學的世界是這樣，雖是同樣的法則，卻有許多不同的稱呼。

舉例來說，所謂的「**單純曝光效應**」，指的是見面次數多，對方就容易會有好感，但也有人是以寫那篇論文的心理學家的名字來命名，稱之為「扎榮茨效應（ZAJONC EFFECT）」。如果發音不同，會變成「扎伊翁茨」，而被稱作「扎伊翁茨效應」，每個都對。我不認為每一個念法我都非知道不可，而且別人知道我不知道的事，這也是常有的事。

但那位男性可能是看我連「〇〇法則」都不知道，也敢自稱是「溝通方面的老師」，覺得看不順眼吧。

那位男性後來說他是自學，講了許多心理學和溝通方面的話題，一直說個沒完，而且後面一再附上一句「我猜妳應該不知道」。

他藉由這麼做來把我踩在腳下，沉浸在「妳不知道，但我知道」的優越感中。當時我很生氣，但現在我能用那件事當本書的題材，所以就某個層面來說，我很感謝他。

話說，像這樣擺架子的人到處都有，不過當我遇上時，該如何應對才好呢？

對擺架子的人採取的應對法

①誇獎

這是採取對方想要的反應，堪稱是神應對。

「果然不簡單！」

「我都不知道呢！」

「厲害！」

「眼光也太好了吧！」

「原來是這樣！」

這稱作「善於聆聽的五句話」。

只要以興奮的情緒反覆說這幾句話，對方就會很開心，非常簡單。我方只要隨便在腦中想著其他事，嘴巴上說「厲害」，這樣就行了。

就算沒認真聽也無妨，沒必要因對方擺架子而顯得煩躁。

就當作是在測試這「五句話」是否真的有效，向對方說一句「果然不簡單！」吧。

②隨口回應

對方擺架子說話，姑且聽之，但沒作出對方想要的反應。

「哦～」

「嗯～」

「這樣啊。」

就保持固定的情緒反覆說這幾句話吧。這時候的要訣是絕不以興奮的情緒來回答。也許適合採取比較冷淡的態度。

對方說的話，就算沒認真聽也無妨。

「這個人可能是對自己沒什麼自信吧？」

「雖然沒有多厲害，但他應該是希望我誇他厲害吧。」

「他其實很弱。想讓自己看起來很厲害。」

像這樣冷靜觀察對方，加以分析，相當有意思。

③忽視

這一招如果心理素質不夠強的話，可能就辦不到，不過，這是我希望大家務必嘗試的應對法。

如果對方就像在說「很厲害吧」，而對你擺架子，你只要一臉認真，保持沉默就行了。

這時候，只要在心裡嘀咕「喂，根本不懂你在講些什麼」，對方擺架子的行為就會顯得很愚蠢。

對方滿心以為你會回答「真厲害！」「真好」，做出善意的反應，結果你突然默不作聲，對方反而會慌亂。

沉默片刻後，不妨取出手機，看看社群網站。看是要看新聞，還是收信都好。總之，為了表現出「你對我擺架子，真是無聊」這樣的想法，不發一語地看自己手機相當有效。

「你在聽嗎？」

要是對方緊纏不放，就回答「啊，嗯，不好意思啊！」然後繼續滑手機。對方或許會心想「虧我還在他面前擺架子，真是個沒禮貌的傢伙！」而火冒三丈，不過，因為看不到你作出預期的反應，他會覺得無趣，而就此死心。

④出言反駁

這不算是好的應對方法，不過，如果你自認已擁有最強的精神素質，不妨一試。

面對擺架子講話的對手，你可以說：

「然後呢？一點都不厲害啊。」

這時候非注意不可的是，你得打從心底這麼認為，否則對方會認為你這是在「逞強」，或是「失敗者的叫囂」。

清楚的告訴對方「可以請你別在我面前擺架子嗎」，或許也不錯，但由於對方一直都抱持著只對自己有利的思維，所以他可能會說：

「因為別人在你面前擺架子，你覺得很不甘心」

「咦，我明明就沒擺架子，你卻覺得我在你面前擺架子，是你的自我肯定感太低了。」

你反駁的對象，必然會與你關係交惡，不過，要是你覺得就算今後斷絕往來也無所謂，或許最後有話直說也不錯。就直接告訴對方「你很煩耶」。

Don't worry!

03

人們會嫉妒的原因

所謂的嫉妒，是對擁有自己所沒有的事物，或是比自己優秀的人，所產生的一種情感。

如果只是羨慕的情感，這不算是嫉妒。嫉妒指的是像「什麼嘛，一副很了不起的樣子」「為什麼都是他」「只有他得到好處，看了就有氣」這一類負面的情感。

這已經是二十多年前的事了，當我還是大學生，正開始學心理學時，曾有個很強烈的念頭。

「要是能沒有嫉妒心就好了……」

當時的我容易動怒，總是很羨慕別人。

因為當時的我還是個大學生，有買得起名牌包的朋友，也有能出國旅行的朋友。

有人在就職時，事先便獲得大型企業的內定，有人則在自己父親經營的公司上班。

要是我能坦然地在心裡想「真好」，那也就沒事了，但當時我極度避免讓自己感到羨慕。

「真好。」

也許我曾脫口說出這句話，但之後我都會心想：

「不過，那其實也沒多好。因為……」

列出許多缺點，擺出一副「我根本一點都不羨慕！」的態度。想必周遭人都清楚地看出，我那是「心存偏見」、「嫉妒」。

學習心理學，並加以實踐時，我以消除長期折磨我的「嫉妒心」當作目標之一。但是對動物來說，嫉妒心是很理所當然的情感，是一種本能，似乎無法完全消除。

就連狗和貓這類的寵物，在家中增加新同伴時，也會因為嫉妒，而在壓力下掉毛，或是出現攻擊行為。

澳洲在二〇〇八年利用狗進行一項嫉妒心的研究。

這項實驗是讓狗表演後，不給牠點心當獎賞，看會有什麼反應。讓不會說話的狗表演，而又不給獎賞，實在有點可憐，但更欺負人的，是安排出「明明給其他狗點心，卻只有我得不到」這樣的狀況。

在表演完後，其他狗都得到點心，但只有自己得不到時，各位猜那隻狗會怎樣？

那隻狗感受到壓力，變得心情不好，出現朝自己身體又咬又抓的行為。狗也和人一樣，會因為對自己以外的對象感到「真好」而出現壓力，所以就動物來說，會感到嫉妒或許也是無法避免的事。

不過，我們人擁有比狗更優秀的「智能」。不是任憑自己產生嫉妒心而不去管它，應該能理性地加以抑制。

我認為，**一個人懂不懂得抑制嫉妒心，確實會對人生的幸福帶來很大的差異**。雖然只有我一個人可以證明這點，不過，一直努力消除嫉妒心的我，與當時相比，幸福度明顯增加不少。

那麼，人為什麼會嫉妒呢？

嫉妒心有點複雜，各種情感交錯在一起，無法輕易解開這個結，不過，最主要的問題在於「和人比較」。

○我比誰還不幸

與別人比較時，要是覺得「我比他差」、「我輸了」，人們就會有一種「我很不幸」的心情。

覺得比自己優秀的人，應該不少吧？

外貌、收入、工作、念書、運動……

比較的對象多得數不完，愈是自己有自信的領域，愈會和別人比較，一旦覺得自己「輸了」，就感到不幸，很不甘心。

這種「不甘心」的心情，就某個層面來說，是一種「認輸」的情感。

在率真的「不甘心」當中，最簡單易懂的，就屬考試時的失誤了。平時不會出錯的問題，因一時疏忽而失分，應該每個人都有過這樣的經驗。

這時心裡會想「我明明會啊，真不甘心！」「竟然犯這種低級錯誤！」一味地感到不甘心。

考試題目的答對與否，是「解出答案的自己」與「犯下失誤的自己」的比較，單純只會感到不甘心。由於比較的對象是「自己」，所以不甘心不會變成嫉妒。

但這時候要是心想：

「因為我在考試中犯下失誤，而得到第五名。那傢伙變成第一名！我輸了，真不甘心！」

比較對象變成「別人」，嫉妒心便會不斷膨脹。

「因為那傢伙都去收費比較貴的補習班，所以成績才那麼好！不是因為他自己的能力！」

「那傢伙成績或許不錯，但個性很差！」

就像這樣，會想辦法將比較的對象貶得比自己還差。

如果光只是羨慕或不甘心，自己無法得到救贖。所以才運用「嫉妒」的情感來安慰自己。

「他運動或許還行，但他不會念書，根本一點用處也沒有。」
「那傢伙雖然收入高，但顏值太低。」
「他好像中大獎了，不過，他的人生早晚會完蛋的。」

就像這樣，說一些嫉妒的壞話，想藉此保護比不過對方的自己。
嫉妒的本體，其實是無法坦然說出「好羨慕」，想要保護自己的一種方法。

這世上的「優劣」是由誰決定？

有「差人一截」、「輸了」這類的話語對吧。
但你真的差人一截，就這麼輸了嗎？
話說回來，又是誰決定人界的「優劣」？

乍看之下，會覺得年收一千萬日圓比年收五百萬日圓勝出。不過，就算年收高，但沒有朋友也沒家人，不能和值得信賴的同伴一起歡笑，享受美食，這種生活你覺得如何？

總是考試得滿分的孩子，感覺似乎比考試只得十分的孩子勝出。但要是這孩子在家中一概沒任何娛樂，除了吃飯睡覺等基本需求，其他時間都用在念書上，這樣你覺得如何？

經這麼一說，是不是會覺得「嗯……這樣或許不算勝出」。

「勝」「負」

「優秀」「差勁」

這些不過都是自己擅自對事物作出的價值觀。

雖然看在某人眼裡覺得「優秀」，但看在另一人眼裡，卻覺得這樣其實是

「輸」。比較沒有基準的事物，根本就沒有意義。

因為和人比較而時喜時憂，真的很累。

唯一可以比較的，只有「過去的自己」。

過去辦不到的自己，現在已能辦到。

過去搞不懂的自己，現在已經搞懂。

這不正是幫助自己成長所需要的嗎？

存在於世上的「優劣」，都是自己所決定。既然這樣，應該就能靠自己去改變「優劣的定義」。

這正是「控制嫉妒心的方法」。

自行改變對方投射來的嫉妒心

這樣就明白自己的嫉妒心可以由自己去控制了對吧。

不過，我們無法控制對方的心。對方投射而來的嫉妒心，該如何應對呢？

只要「在心裡改變對方說的話」就行了。

朝你投射嫉妒心的人，無法坦然說出自己「真好」、「好羨慕」的心情。

所以就將投射而來的嫉妒心全部改變吧。

「真羨慕。沒辦法跟他比。不想承認。就含混過去吧。藉此保護自己。」

「他或許運動不錯，但不會念書，根本就沒用嘛。」

改變↓「他運動好，真羨慕。要是又會念書的話，實在跟他沒得比。但我不想承認這點。就含混過去，藉此保護自己吧。」

「那傢伙收入雖高，但顏值很低。」

改變↓「他收入高，真羨慕。要是又長得帥的話，實在跟他沒得比。但我不想承認這點。就含混過去，藉此保護自己吧。」

「他好像中了大獎，不過，他的人生早晚會完蛋的。」

改變↓「他中了大獎，真羨慕。人生可真是一帆風順啊。但我不想承認這點。就含混過去，藉此保護自己吧。」

嫉妒的人，是活在自己與他人的比較下，算是抱持著痛苦在過日子的人。自己明明一直都想高高在上，但偏偏有你這麼一個「似乎贏不了的人」存在。要是坦然地承認「好羨慕」、「真好」，又會很不甘心。但偏偏自己又沒有勝過你的技能和時間……

抱持著這樣的苦惱，而朝你投射嫉妒心的人，其實也很痛苦。

Don't worry!
04

別人邀你一起說壞話時的應對法

只要開口就是說人壞話……

「我問你，你是不是也這麼認為？」

和整天把這種話掛嘴邊的人交談，真的很累。

其實在說壞話時，能處在「心情愉悅的狀態」。要是說人壞話會心情不好，就沒人想說了。要是每次說人壞話，存摺就會自動少一千圓，或是每說一次壞話，壽命就會減一個月，有這樣的懲罰，應該就絕對不會想說了。

壞話就是這樣，「說了會讓人心情愉悅」。

而且自己一個人說還不行。和人一起說壞話，才會心曠神怡。因為這樣的理由，眾人聚在一起說壞話才會那麼快樂。

Q 職場的同事在休息時老在說壞話。和她們一起吃便當真痛苦。（28歲　A小姐）

在某工廠工作的A小姐，因為同事們每次休息時間都在說壞話，要聽她們說又覺得心好累，為此傷透腦筋。

我問A小姐「對方跟妳聊別人的壞話，妳都怎麼做？」她回答「我會說，妳說的對，和對方有同感」。

就算自己對壞話的內容沒有同感，也會回答「是這樣嗎？那可真過分」然後心想「我這樣配合對方，連我也討厭起自己了」，就此自我嫌棄起來。

如果是像職場上的同事或同學這樣，每天都一定會碰面的人，因為不想惹出風波，對自己的一舉一動都會很小心。

「我不這麼認為。」

「我們就別再說人壞話了。」

要是敢這麼說，下次可能就會換自己成為別人談論的對象。

「就算成為別人談論的對象，我也無所謂」，如果是內心素質如此強韌的人就沒關係，但因為A小姐是「因為害怕自己成為別人談論的對象，而不敢直說」的類型，所以我試著提出以下的應對方法。

當話題變成是說人壞話時，要將附和或回答減至最少

「〇〇〇明明工作不太行，卻又一副很了不起的樣子。妳也這麼認為對吧？」

就算對方拋來這樣的話題，也只要回答：

「嗯……這我不太清楚。」

「啊，嗯……」

擺出沉思的樣子。

對方會認為妳一定是還沒理解，而又繼續說壞話，但妳依舊只是含糊地以「嗯……」來回應。

對方很希望妳有所反應，但明白自己的期望落空後，便會覺得「就算跟妳講別人的壞話，也只是自討沒趣」。

如此一再反覆後，慢慢地對方就不再會跟妳說別人壞話了。

反過來說，因為妳之前都回答「嗯、嗯，是啊」、「那可真過分」，深有同感，所以對方會愈說愈帶勁，而想「多說一點」。

當中有種類型的人，單純只是說出自己想到的壞話，說完以後心裡就舒暢多了。

說起來，對上這種類型的人或許會比較輕鬆。因為只要一邊回「嗯……」一邊滑手機就行了。

A小姐馬上在職場上展開嘗試，結果她向我報告，別人找她說壞話的次數減少許多。

這種應對方法為什麼有效呢，因為它巧妙利用了「對方希望你有所反應」的心理。

這稱作「**撫慰**」。

每個人都是因為希望對方有反應，而採取行動。

換個簡單明瞭的方式來說，小孩子會為了吸引父母的注意而哭鬧對吧。

大家也曾在購物商場的玩具賣場，見過躺在地上哭鬧，叫嚷著「買給我！買給我！」的孩子對吧。孩子知道父母會說「這樣很丟臉，別再鬧了」「這樣太難看了，快點站起來」，為此感到焦急。孩子期待父母能說一句「知道了、知道了，我買給你吧」，因而故意放聲大哭。

這種情緒性的訊息，或是會帶來影響的溝通，稱作「撫慰」。撫慰又可分成正面的撫慰和負面的撫慰。

正面的撫慰

- 像「早安」之類的問候
- 笑臉
- 頻頻回應「嗯、嗯」，很感興趣地聽對方說話

負面的撫慰

- 像「吵死了！」之類的粗話或壞話
- 忽視
- 生氣的態度

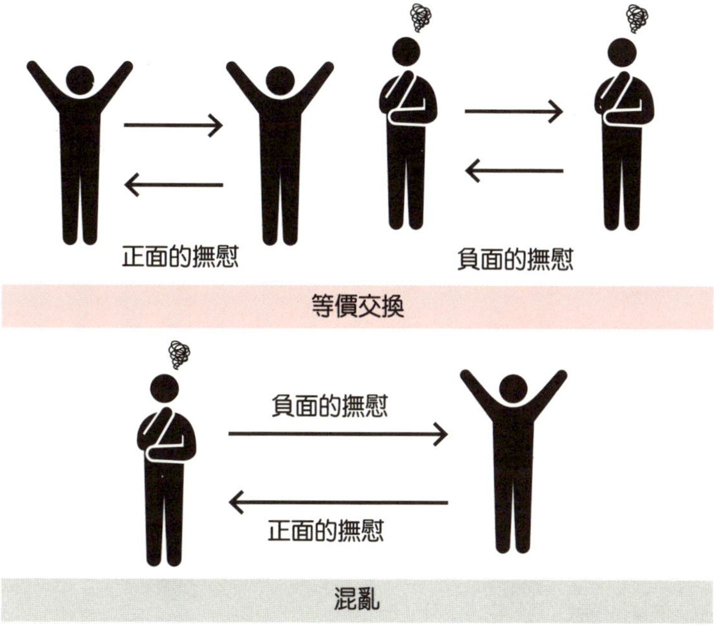

撫慰是等價交換

我們人一般都會希望得到正面的撫慰。

我每天都會散步，在散步途中會和人打招呼，說「早安」、「你好」。

這時候我會期待對方也能用「早安」、「妳好」來回應我，或是向我點頭致意（正面的撫慰）。

但時常會因為對方沒有發現，而沒給我回應。此外，雖然我還沒遇過，但要是跟別人說一聲「早安」，結果對方回一句「吵死了！

閉嘴！」（負面的撫慰），想必一定會心想「這個人怎麼這麼沒禮貌！」而感到不悅。

一般來說，正面的撫慰得到的回應是正面的撫慰，而負面的撫慰得到的回應也是負面的撫慰。撫慰基本上是一種等價交換，但如果正面的撫慰得到的回應是負面的撫慰，或者是負面的撫慰得到的回應是正面的撫慰，我們就會感到混亂。

「那個人一副很了不起的樣子。自己的孩子被選為隊長，便向人炫耀，感覺真不舒服。」

「就是說啊。妳說的我明白。真正努力的是孩子，不是父母，對吧。」

這就是對負面的撫慰，回以負面的撫慰。

「不過，孩子被選為隊長，會想向人炫耀，這種心情也能明白。雖然我不覺得這有多了不起。」

這就是對負面的撫慰，回以正面的撫慰。得到和自己相反的撫慰，會覺得「那個人是怎麼回事……」，感到不悅。

以前我在購物中心購物時，突然有位男性朝我咆哮。

似乎是我推的嬰兒車擋到他了，他冷不防地朝我吼道「竟然在這種地方使用這種玩意兒（嬰兒車）」。我大為吃驚，深感恐懼。因為我一直認為「一般人對推嬰兒車的人都很友善」。

在那短暫的瞬間，我想了許多事。

這附近沒有店員，也沒其他客人。我有重要的嬰兒要保護。

要是他傷害我，我可傷腦筋了。

我該逃跑？出言反擊？還是道歉？

我不知該怎麼做才好，一時之間想到「回以相反的撫慰」。

我笑容滿面地面向他。

那位男性看到這樣的我，說了一句「搞、搞什麼。妳是外國人嗎？聽不懂我說的話嗎？」我還是一樣回以笑臉。

起初那位男性對我投來負面的撫慰。他無意識下認為我也會回以負面的撫慰，但換來的卻是完全相反的結果，而且還是笑容滿面，所以他感到混亂。

那位男性嘴裡嘀咕著「搞什麼啊妳。怪陰森的」，我馬上離開現場，平安無事。

最難受的是「忽視」

撫慰的大前提，是對方「希望你有反應」。因此，得不到反應＝被忽視，這是最難受的事。

找你一起說壞話的人，想和你一起熱絡地聊，所以最好的應對方法，便是不作任何反應，也就是「忽視」。

不是自己跟著一起說壞話，也不是一味地點頭說「嗯、嗯」，更不是回一句「我認為這樣不對」，說出反對的看法。你只要回一聲「嗯～」，表現出不感興趣的態度，忽視對方，這樣就行了。

不過，因為身分和狀況的緣故，而難以「忽視」的情形也很常見，所以不妨以近乎忽視的狀態，「擺出不感興趣的樣子」吧。

對方明白你不感興趣後，會另外再找到感興趣（同樣會回以撫慰）的人，所以大可不必在意。

請不用顧慮，盡量擺出不感興趣的態度。

Column 3

我活在自己的價值觀下。雖然別人對我說三道四，但我不打算因為這樣而改變我的價值觀或生活方式。儘管因為這樣而被討厭，也無所謂。

叶恭子（取自《叶恭子的智慧寶石十二個月》開頭）

叶恭子小姐與叶美香小姐，在媒體上登場時，穿著一身高級名牌，令觀眾看得瞠目結舌。

此外，有好幾名號稱「GOOD LOOKING GUY」，外表和內心皆美的外國男模，也都拜倒在她們的石榴裙下，這是大家所熟知的事。

集美貌、財富、名氣於一身的叶家兩姊妹，說來也真不可思議，幾乎沒看過有人對她們提出負面批評。

大部分支持者都同樣是女性，她們之所以能維持人氣不墜，想必是因為她們一貫的堅定想法深具魅力吧。

其中特別令人吃驚的是「GOOD LOOKING GUY」。

總是有多位男性熱烈追求的恭子小姐，說她會視當天的心情來挑選約會對象。

與其中一名GOOD LOOKING GUY約會時，與另一名GOOD LOOKING GUY不期而遇的這種情形，聽說也是屢見不鮮。

恭子小姐不希望自己被GOOD LOOKING GUY們獨占。同時她也不想獨占這些GOOD LOOKING GUY們。

這種事在現代日本可說是「劈腿」的行為，似乎會受世人嚴厲批判……

「我的想法中沒有情人這種分類。

如果有男生問我，那我算什麼？我會告訴他，這要由你自己思考決定。

因此，『劈腿』一詞和我沒半點關係。」

就像這樣，即使是可能會被世人視為「大膽開放」、「任性」的價值觀，她也因為有自己的信念，而斷言自己不會「為了某人」而去改變自己的價值觀（當然了，聽說她也常在思考這樣的信念，是否會違反某人的禮儀或規則）。

我們人是很容易受他人的意見或價值觀左右的生物。

要是媒體報導「這個正流行」，那裡便會大排長龍，要是朋友說「那件衣服好土」，就再也不想穿了。

要是沒有堅定的信念和價值觀，當某人「乍看之下不錯」的價值觀出現時，就會往那邊傾倒。

以前要得知他人價值觀的方法，只能藉由在自己生活圈內認識的人，或是藝人在媒體上的發言、報紙、書籍等。

但如今不同。有社群網站這種便利工具，輕輕一點，不管在世界的何處皆能發信，即使是地球另一側的資訊，也能馬上獲得。

社群網站充滿了別人的價值觀。

同時，對違反自己價值觀的事物所展開的批判也一樣多。

「應該這麼做才對。」

「竟然沒做〇〇，太奇怪了。」

各種價值觀會隨著你滑動頁面的次數映入眼中，只要覺得「真是各種價值觀的人都有呢」，這樣就行了，千萬別心想「我也得這麼做才行」。

當然了，這有個附加條件，那就是得先以自己堅定的信念建立「價值觀」才能這麼說。

第4章

不向壞話認輸的思考法

Don't worry!

01

「不提出反駁，感覺就像是認輸」你又沒輸任何人，根本沒必要反駁

當別人對你說難聽話時，會很想反駁。

如果默不作聲，之後會感到無比懊惱，而心想「當時我要是這樣說就好了」、「為什麼我那時候不回嘴呢」。

這樣的念頭一直在腦中打轉，便會心想「下次我一定要頂回去」，而事先準備好反駁時要說的話，就此處在「以牙還牙」的狀態。

一開始原本只是要以反駁為目的，但不知不覺間，變成以辯倒對方、講到對方說不出話來為目的。

雖說是「辯倒對方」，但你到底贏了什麼呢？

面對說你壞話的對象，你贏了他什麼？

你只是挑選了「勝負」這種方便使用的字眼，其實你心裡想的是「對方說我壞話，我心裡很受傷，所以我也要讓他受同樣的傷」，不是嗎？是為了「想讓傷害我名譽的人為此謝罪」，才提出反駁吧？

不管有沒有反駁，你都沒輸任何人，也沒贏任何人。話說回來，不對壞話作出反駁，與認同壞話的內容，並不能劃上等號。就像自己一個人沒辦法猜拳一樣，要是沒有對象，就不會有勝負之爭。你大可不必自己站上爭鬥的擂臺。別人說的壞話，徹底「忽視」，才是明智之舉。不管是怎樣的內容，誰那樣說，對策全都一樣。學會「忽視的技巧」非常重要。

需要之物：忽視的技巧

所謂忽視的技巧，主要是與對手溝通時，能輕鬆化解的能力。這是以英語「THROUGH」和「SKILL」所構成的現代語，分別代表「通過」和「能力」

的意思。尤其是當別人對你採取負面的行動時，例如說你壞話時，就需要這項技巧。

忽視的技巧高的人、忽視的技巧差的人

忽視的技巧高的人，平時想法便積極正向。別人投射過來的惡意，也能輕鬆化解，所以不易累積壓力，在人際交往上也不會勉強自己。

由於是秉持別人是別人，我是我的這種「以自我為中心」的想法，不會在意別人的眼光。他們能明確區分別人與自己來展開思考，因此能客觀看待事物，不會隨波逐流，或是被牽著鼻子走。

反之，忽視的技巧差的人，想法負面，無法樂觀地用一句「算了，隨它去吧」來看待事物。會去細想對方的一言一行，明明搞不懂，卻又想解讀對方心思，明明有可能搞錯，卻又自己胡思亂想，以致情緒低落。由於自己和他人的

分界線模糊不明，所以會跟著對方的意見走，被耍得團團轉，搞得自己筋疲力盡，精神出狀況。

要如何學會忽視的技巧？

忽視的技巧不但是人們天生就具備的要素，還能因為你自己的學習而提升這項技巧。

在此介紹用來學會忽視的技巧的三個方法。

1　看書、看電影，拓展自己的視野

忽視的技巧差的人，很遺憾，往往會視野狹隘。一切都根據自己的想法，所以會心想「那個人一定是這麼想的」、「雖然他笑了，但那其實是掩飾他的怒意」而過度解讀。

世上的人形形色色。不妨多閱讀不同領域的書，進而從中發現「原來也有

這種個性的人啊」、「原來也有這樣的思維啊」。

如果與自己的想法有太大的落差，便會認為「這樣的人不存在，這只存在於戲劇或電視的世界中」，但現實中確實有想法奇特，遠非你所能想像的人存在。

2 以「我」來當主語

忽視的技巧差的人，往往會「配合對方」。一旦配合對方，就能減少無謂的紛爭，會比較輕鬆，但「應該會很快樂才對，但不知為何，覺得好疲憊」、「也不是討厭，但心裡就是有疙瘩」，會不自覺地累積壓力。

有許多人因為習慣配合對方，而「搞不懂自己的想法」、「不知道是不是討厭」，這也是事實。像這種時候，不妨試著以「我」當主語，來思考「因為我想這麼做，所以我要做這件事」，養成這樣的習慣。

「因為我很想吃咖哩，所以我選咖哩。」

「因為我喜歡藍色，所以我穿這件衣服。」

就像這樣，對日常生活的所有動作，都加上以自己當主語的理由，來思考「因為我想這麼做，所以決定選這個」。

自己的行動，全是由自己決定，有這樣的自覺很重要。就連配合別人的時候也一樣，不妨說「因為A先生想吃的東西，我也想吃，所以我決定去A先生提議的那家餐廳」，加上以自己當主語的理由吧。請更加重視你自己的意見。

3 客觀地看事物

俗話說「見樹不見林」，這個比喻指的是因為被小事吸引了注意力，而容易疏忽了整體性。忽視的技巧差的人，如果只看眼前的事，便無法掌握事物的整體。

各位是否用過GOOGLE地球這款APP呢?這是能透過衛星照片來欣賞地球上任何地方的一項免費服務。所謂客觀地看事物，若用GOOGLE地球來說，就如同是「採取俯瞰的觀點」。南美秘魯的納斯卡地面線條圖，如果人站在地面上，它就只是一般的砂石地，但從高空俯瞰，則可看出鳥和蜘蛛的圖案。

光憑主觀的看法無法明白的事，若改採客觀的看法，就會發現「原來是這麼一回事啊！」

想要客觀地看事物，只關注事實非常重要。依附在事實上的「真討厭」、「真難受」、「好麻煩啊」這些情感，以及他人的意見，先暫時擱在一旁，只針對實際發生的事實加以確認。

這時候的大前提，始終都是「要先將你的情感擺一旁」。沒必要因為過度想要客觀地看事物，而否定主觀。等事實變得明確後，再慢慢整理自己的感覺，這樣就行了。

一開始你可能會覺得自己不可能學會這種忽視的技巧，但我傳授的三個方法，請好好地一一加以執行。

等三個月過後，你應該會發現自己有所改變。**因為你能傾聽過去自己一直**

壓抑的心聲，重視自己，所以能展開正向的思考。

佛祖釋迦牟尼的故事中，有一段提到了壞話。

一名嫉妒釋迦牟尼的男子，用惡劣的言語說釋迦牟尼壞話。

那名男子心裡打的算盤是：

「就算是釋迦，聽人說他壞話，也還是會反駁吧。我要讓世人知道他的醜態。」

不過，釋迦牟尼對於這些惡劣的壞話一樣沒提出反駁，就只是沉默以對。

男子對釋迦牟尼說：「為什麼你都不回嘴！」

結果釋迦牟尼向男子問道：

「如果你想送別人東西，而對方不肯接受時，那贈禮到底算是誰的呢？」

男子回答道「因為對方不接受，所以贈禮當然算是想贈送的人所有嘍」，話一說完，他馬上發現不對，發出「啊」的一聲驚呼。

釋迦牟尼態度平靜地接著道：

「剛才你狠狠罵了我一頓。但我完全沒接受。所以你說的一切，全都還是歸你自己持有。」

如何？看了釋迦牟尼的故事後，是否就明白了呢？

對對方說的壞話提出反駁，也就是接受了對方說的壞話。

別人「送來的東西」，我們沒義務照單全收。只收下我們想要的東西，其他一概拒收，這樣就行了。不管對方「送來的東西」是什麼，只要收下它，它便歸收下的那個人所有，得花更多工夫去處理。

如同垃圾般「送來的東西」，沒必要刻意花時間去處理，不是嗎？

只要不自己站上戰鬥的擂臺，就不會有勝負。

Don't worry!
02

「別人會說你壞話，是因為你不好？」這種想法很危險的原因

我的YOUTUBE影片，曾有過這麼一則留言。

「我常會惹對方生氣。是我不好嗎？」

這是一種錯誤思考。我馬上發了一篇影片來回答，標題為「這種想法很危險」。

這樣為什麼危險呢，因為這和DV（家暴）被害者的思考一模一樣。

所謂的DV，是DOMESTIC VIOLENCE的開頭字母簡寫，意思是「像夫妻或情人這種有親密關係的人，或者曾是這種關係的人，所施加的暴力」。

當然了，簡單說是暴力，但並不光只限於拳打腳踢這類的肢體暴力。像「笨蛋」、「醜八怪」這類的粗話算是言語暴力，另外，不給生活費的經濟暴力、強制的性行為、使用手機拍照的性暴力，也都算是暴力。

走在路上，突然有陌生人對你惡言相向，這種情形很少有，而且就算有，也會覺得：

「搞什麼啊。真是個怪人……」

「這是個危險的人，要是扯上他，有可能會受波及」

一般都認為惡言相向的原因是出在對方身上。

但家暴往往都是在關係親密的人之間發生，所以被害人會心想「他那麼生氣，所以才會對我惡言相向」，而暫時接受自己所受的暴力。

家暴的加害者，其實也知道動用暴力是壞事。為了讓做出壞事的自己合理化，加害者會說：

「因為妳不好，所以挨揍也是自己活該。」

「妳這個人不配活在世上。」

「妳自己一個人，什麼事都做不了。」

而家暴被害者也知道暴力是壞事。如果是個心理健全的人，便能提出反駁，回一句「你竟然口出惡言，太過分了！」但要是平時就常遭家暴，便無法作出正常的判斷，而心想：

「因為我不好，所以才會受到這樣的對待。」

「我要是乖一點，就不會有暴力了。」

想從自己所受的家暴中，找出正當的理由。

「對方會生氣，都是因為我有錯……」

判斷事物的好壞，全是以對方為標準。

或許會覺得遭受家暴，與別人說自己壞話沒什麼關聯，但覺得「別人會說我壞話，是因為我不好」的這種想法，與家暴的被害者沒有兩樣。

因為這是勉強自己替別人說自己壞話想一個正當的理由。

有人說你壞話，那不過只是對方自己要那樣看待你。

對此，如果都是以他人為中心來看待事物，這樣只會讓自己的內心變得很不健康。

持續責怪自己，內心會滿是傷痕，這是造成憂鬱症等精神疾病的原因。

「算了，隨它去吧」，明明有人會這麼想，但為什麼你會覺得「全部都是我的錯」，而責怪自己呢？

過度的責任感是危險訊號

過去一直都是在「是我不好」的思考模式下生活，但現在突然有人對你說「你這樣是錯的」，要是就此讓你感到困惑，我很抱歉。

我在此一一說明吧。

「是我不好！全部都是我的錯！」

會強烈有這樣的念頭，可說是「**過度的責任感**」。這是「扛下過多沒必要的責任」。

你和情人約會時，要是下雨，是否會說「對不起」，而覺得很歉疚呢？

邀朋友一起去一家咖啡店，在長長的人龍中排了幾十分鐘時，你是否會說「邀你到這種地方來，真是抱歉」，而對此感到很在意呢？

「過度的責任感」會讓你連根本不是受你影響的事都感到抱歉，而覺得「是我不對」。

「回來的路上大塞車，真抱歉。」

「沒能買到你要的東西，真抱歉。」

「這頓飯不好吃，不好意思呢。」

……看了之後會覺得奇怪的人，很正常。

大塞車、商品售罄、餐點不好吃，這都和本人無關，所以一概不需要道歉。

但真的有人會就此覺得「雖然不是我的緣故，但你會不高興都是我造成。對不起」。

其實之前舉出的「過度責任感」的例子，全是我的真實體驗。

以前我和人外出時，要是遇上大塞車，我心裡便想「感覺是我的錯。真抱歉」。

要是對方想買的商品賣完了，我就會說「要是能早點去買就好了，不好意思呢」。

如果餐點不好吃，我就會說「剛才沒提議去別家店，真抱歉」。

就連下雨也說「對不起」，看比賽時，支持的隊伍輸了，也說「對不起」。

總之，一切不好的事，感覺都是我造成的。

我當然沒有操控交通網的能力，也沒有控制天氣的能力，如果說這是自我意識過剩的話，也確實是如此。重新寫下這樣的情形後，不禁覺得我以前也太會往自己臉上貼金了，光想就覺得好笑，但當時我是真的那麼想，所以這是個大問題。

不過，為什麼我會覺得「一切都是我不好」呢……

答案是「因為我擅長察言觀色」。

每天察言觀色是一種危險訊號

我很擅長從人們的臉色去推測其心情好壞。

所以我在接受別人的諮詢時，諮詢者細微的表情變化、說話的停頓方式、動作，甚至是呼吸方式，這些細微的資訊我全都沒漏看，能從中預測出「他現在應該是這種心情吧」、「他應該是想隱瞞什麼」，所以我現在才覺得這是個不錯的才能。

但在以前，「可以清楚看出對方心情好壞」，令我感到痛苦不已。

「啊，他現在好像不開心！」

「他現在一定是覺得很煩躁！」

就算知道別人的心情好壞，也只要裝不知道就沒事了，但當時的我沒辦法做到這點。

該怎麼做，對方才會開心呢，該怎麼做，對方才會不再煩躁……

因為討對方歡心是「理所當然」。

話說回來，我為什麼會成為一個愛察言觀色，討別人歡心的人呢？

那與我和家人的關係有關。

我是家中三姊妹的老么。

與大姊差七歲，所以我小時候幾乎沒有和她一起玩的印象。

我與二姊差三歲，所以常一起玩，當然也常吵架。

也常就近看姊姊們吵架，就連姊姊和父親吵架、姊姊和母親吵架，也常親眼目睹。

我似乎就在無意識中自己攬下「勸架的角色」。

當然了，家中沒人強迫我這麼做。我沒被虐待過，也沒人對我說「是妳不好」。

我之所以會成為一個愛察言觀色的人，並不是任何人造成。

我想，可能是「希望大家能和睦相處」的想法過於強烈。現在也一樣，不論是運動還是玩遊戲，我都不喜歡決定勝負。我喜歡大家一起樂在其中，所以我不喜歡讓自己或別人感到不開心。

因為我這樣的個性，每當周遭出問題時，我就會無意識地想要「由我來當打圓場的人，讓現場氣氛緩和下來！」

「因為有人不高興，所以我來打圓場吧。」

「為了不讓對方感到不滿，我來逗他開心吧。」

這樣的想法，不知不覺間變成了：

「因為我派不上用場，所以周遭人才會不高興。」

「因為我表現得不夠開心，所以對方才會不滿。」

這種想法一再累積，使我變成了一個老想著「別人不高興都是我造成的」，擁有「過度責任感」的人。

將自己的問題與別人的問題搞混，是一種危險訊號

「過度的責任感」一旦養成習慣之後，就會難以「區別他人與自己的問題」。

對方覺得煩躁或感覺不開心，那是對方的問題，不是你的問題。我們除了自己以外，並無法操縱別人的情感。「討別人歡心」，是介入對方的問題，想操縱對方的心情。

自己的情感，只歸自己所有。

如果想違背這樣的原理和原則，就會勉強自己，進而產生壓力，造成內心

看出是屬於誰的問題

的負擔。

對方會不開心，是對方的問題，不是你的問題。

當發生問題時，不要先想著「我來想想辦法吧」，而是要心想「這是誰的問題呢」，進而搞清楚誰該負責任。

Don't worry!

03

在一起會感到疲憊的朋友，不妨降格成「只是個認識的人」

朋友的定義太廣

你的朋友多，還是少？

人們常說我「認識的人真多」。我自己也這麼認為，但我並非全部都當成「朋友」。

常有人會說「只要見過一次面，大家就像朋友一樣」。能這樣說，就某個層面而言，感覺個性很豪爽，好相處，但這大多不是真心話，而是為了炒熱氣氛的客套話，或者是塑造自己形象的一種說法。

雖然往往只是為了方便考量，而將「認識的人」統稱為「朋友」，但這樣的人開朗、有朝氣，同時也很亮眼，所以我們會就此認為「朋友愈多愈好」、「朋友多，看起來比較有人望」。

不過，真的朋友愈多愈好嗎？

每到入學季，就會像童謠《升上小一後》的歌詞一樣，爸爸媽媽會心想「孩子不知道有沒有交到朋友」，很在意孩子的人際關係。

學校的老師也會說「要和朋友和睦相處」，主張班上要和平。

在這種環境中長大的我們，不知不覺間產生了錯覺，以朋友的人數來當作對自我的評價。

班級單純只是住在同一個地區、同一個年齡層的人們的聚集體，但如果感情不好，就會給人「不好」的印象。

不光學校。

住在同一個地區、孩子同年齡的「媽媽」們，要是沒打好關係，就有人會在背地裡說「那個人很古怪呢」。

職場也是如此。

只因為碰巧在同一個地方上班，要是沒打好關係，就會被說是「很不配合」。

明明單純只是「認識」，可一旦與「朋友」產生混淆後，就會認定得和對方打好關係才行，為了不讓對方討厭自己，而勉強自己。

朋友的定義廣闊無邊，就像大海一樣廣闊。朋友多就表示一旦無法掌控會很辛苦。就如同在海中溺斃一樣。

請試著想像一下有一百個朋友。

因為有一百個朋友，所以或許能找到和你嗜好合得來的朋友。

當中可能也會有可以輕鬆一起去購物的朋友、能傾吐煩惱的朋友、傷腦筋時能出手相助的朋友。

但你對一百個朋友所抱持的期待，對方同樣也會對你有這樣的期待。

要是因人際關係而感到疲憊，只要試著整理出「朋友」與「認識的人」，這樣心情就會舒暢許多。

朋友關係重要的不是量，而是質

某天，有位母親帶著一位高中女生來找我諮詢。

「我女兒整天手機不離手，教人傷透腦筋。」她說。

我向那位女生詢問後，她說自己每天都忙著對朋友的社群網站發文按讚，或是留言，猛然回神，一、兩個小時的時間就這麼沒了。

要是自己沒去留言或按讚的話，也沒人會到自己的社群網站按讚。而且大家都按讚，就自己沒按讚，這樣會特別引人注意，她對此相當在意。

我問她「這樣快樂嗎？」她說「與其說快樂，倒不如說，如果我不這麼做，便打不進朋友的圈子裡。」

這就是挑選朋友「重量不重質」的典型例子。

雖然是個性合不來的朋友，但總比沒有朋友來得好。朋友多，比朋友少來得好。就算合不來，只要忍耐一下，大家快快樂樂，這樣就行了。

要是以這種想法來交朋友，會疲憊不堪。如果能做得快樂，那是「嗜好」或「娛樂」，但如果不快樂，那就如同是每天非做不可的「習題」。而且這「習題」不管做再多，都學不到東西，所以只會感到空虛。

她的問題不是整天手機不離手，而是無法放掉這樣的朋友關係。

在有許多朋友的圈子裡，儘管自己最常按讚，但被踢出圈子外只是一下子的事。儘管每天都對某人的發文留言「好厲害，這種心情我懂」，表示贊同，但一樣無法保證別人就不會說你壞話。

我告訴她，挑選朋友，重的是「質」而不是「量」，她思考後告訴我，以後她會只對自己真的覺得不錯的留言按讚，只對深有同感的發文留言。

要馬上改變自己的行動和想法不容易，但只要知道「重質不重量」這樣的想法，就會在無意識中培養出感性，找出優「質」的朋友，也就是適合自己的朋友。

最好保持距離的朋友

坦白說，在一起會感到疲憊的朋友，已不算是朋友。不妨與對方保持距離，從朋友降格為「認識的人」吧。

我認為應該保持距離的朋友，在此列舉其七個特徵。

1　老愛發牢騷

「反正我這個人……」

「不過，我覺得這樣有點怪。」

老在發牢騷的人，很遺憾，不算是什麼好朋友。

他們的負面能量比想像中來得強，待在對方身旁的你會被捲入漩渦中。而陷入其中很容易，要脫身可就困難重重了。

此外，老愛發牢騷的人，只是將你當作一個發牢騷的對象。

要是你有哪個朋友，只會在向你發牢騷的時候才和你聯絡，那就不妨結束彼此的關係吧。不論是LINE或電話，都可以不理會，找個更能提供你快樂話題的人當朋友吧。

2 常說別人壞話

常說別人壞話的人，不用說也知道，最好保持距離。

壞話比牢騷擁有更強的負面能量。總是在說別人壞話的人，會不會覺得他們老是皺著眉頭，看起來一副壞心眼的模樣呢？

表情是表現出內心的一面鏡子，所以會漸漸變成醜陋的容貌。

儘管你當自己只是光聽不說，但看在別人眼中，會覺得「你也跟著一起說壞話」，連你也會漸漸變得面目可憎。

此外，**常說壞話的人，當你不在的時候，一定也會說你壞話**。

「他之所以對我說別人的壞話，那是因為信任我」，這種偏見還是趕緊拋卻吧。

在ＬＩＮＥ等軟體上講人壞話時，絕不能發言。要是被螢幕截圖，便無法刪除了。

當對方在說壞話時，離開現場，保持距離，是最有效的方法，如果這樣對方還是不改變的話，那就得重新評估彼此的關係了。

3 為一些無關緊要的事說謊

就像俗話說的，「說謊有時也是一種權宜之計」，就某種程度來說，說謊可能也是不得已。但要是有人為了一些無關緊要的事說謊，就要特別注意了。

我高中時，有個同學向人吹噓「我買了GUCCI的錢包」。

我懷疑她是個常說謊的人，於是對她說「真酷！借我看一下」，結果她說「昨天和我爸大吵一架，被他拿去扔了」，沒拿給我看。

為一些無關緊要的事說謊的人，是想展現自己好的一面。

在她的過往人生中，應該有不少藉由說謊而度過難關的成功經驗吧。這個人今後應該會動不動就靠說謊來含混，想藉此展現自己美好的一面。

由於說謊成了習慣，一點都無法讓人信任。

每次我都會誇她「真厲害」，同時又懷疑「這該不會是說謊吧？」因此覺得好累。

和騙子扯上關係，日後絕不會有什麼好事，這是顯而易見的事。

4 違背承諾而不當一回事

「他明明保證會保密的，可是卻把秘密講了出去。」
「他明明說好要一起去玩的，卻在當天早上突然取消。」
「他說要去拜訪客戶，結果卻沒去。」

承諾視重要度而定，有的低有的高，不過，不管是怎樣的承諾，要是有人隨便違背承諾而不當一回事，要和這種人來往最好三思。

違背承諾的人，原本就沒有要信守承諾的意思。

比起承諾的對象，這種人往往會更重視自己的心情，所以會輕易地說一句「因為人家不想去嘛。我不想做。這也是沒辦法的事啊」，完全不當一回事。

他們對違背承諾也沒什麼罪惡感，他們認為「要是對方說些什麼的話，到時候再道歉就好了」，想得很簡單。

這種人不論是過去還是今後，都會以自己為優先考量，周遭的人被耍得團團轉，疲憊不堪。沒必要勉強和這種人往來。

5 粗神經、不夠細膩

「你胖了。」

「你這件衣服好怪哦！」

「雖然你特地幫我挑選了這項禮物，但我不需要。」

就像這樣，這種對方聽了心裡會不舒服的話，有人就是可以直言不諱。

這種人會被嫌說是「粗神經」、「不夠細膩」，但另一方面，也有人會出言袒護說「他本人沒惡意，所以這也沒辦法」。

但我不這麼認為。正因為沒有惡意，才是問題所在。

如果懷有惡意倒還好，沒有惡意卻傷人，這樣才致命，不是嗎？

如果你周遭有這種粗神經又不夠細膩的人在，最好別和他們扯上關係。和他們扯上關係，只會無謂地讓自己受傷而已。

之所以刻意加上「無謂地」一詞，是因為你就算告訴對方「我很受傷」，他也會因為粗神經，而完全聽不進去。

6 只想著對自己有利的事

只想著如何對自己有利，如何得到好處的人，最後就算會造成對方損失，也毫不在意。

舉例來說，妳收到別人當伴手禮贈送的蛋糕，當盒內的蛋糕全都是不同種類時，大部分人會說「我拿哪個好呢？」「那就猜拳決定，贏的人先挑自己喜歡的」，互相禮讓對吧。

但只想著如何對自己有利的人，會喊一聲「我要蒙布朗！」比誰都搶先一步伸手拿看中的蛋糕。

就算去唱卡拉ＯＫ，也都只有他一個人連續點歌，或是離開時有人提議「想喝點什麼，我們去咖啡店吧。」他也會說「我不想喝，我不去咖啡店」……只有那個人很樂在其中，你一點都不快樂。如果你想到和誰是這樣的相處模

人生會因為你是先肯定再說，還是先否定再說，而有很大的不同

式，不妨悄悄與對方保持距離吧。

和只會想到自己的人來往，只是白白損耗時間和精神。

7 什麼都否定

人可分成「先肯定再說」與「先否定再說」這兩種人。

當你開口邀約「下次一起去飯店吃午餐吧？」時，先肯定再說的人會回答「這主意不錯！就一起去吧！」，而先否定再說的人則會說「咦~可是好像很貴耶。」不過，最後還是沒拒絕午餐的邀約，一起同行，但去了之後，又一會兒嫌「量太少」，一會兒嫌「味道好淡」，什麼都否定。

這就像是凡事先否定再說的「習慣」，對當事人來說，並沒有「我就來好好批判一番吧」這樣的惡意，但和這種人一起，絕對不會愉快。

我以前也曾經說「好想出國旅行」，結果有人一臉認真地對我說「我會暈機，所以最討厭搭機了！我一點都不想出國！」讓我聽了很不愉快。

儘管不太想去，或是不太想做，但眼前明明有個很想這麼做的人在，卻還刻意否定對方，表示這個人太不懂得做人。

「你常否定別人對吧」，不妨直接指出這個問題點，如果這樣對方還是不改的話，很遺憾，那就離開他吧。

Don't worry!

04

為什麼難過的事會陸續降臨在你身上呢？

一有討厭的事、難過的事，你就會往負面去想，而覺得「為什麼我這麼不幸」。

不過，真的難過的事都只降臨在你身上嗎？現在你身邊的人，就沒比你不幸嗎？話說回來，到底什麼算是不幸呢？

我以前也覺得幸福離我好遙遠。雖然結婚生子，衣食無缺，但還是隱隱覺得「我不幸福」。

直到發生某件事，我才就此覺醒。

那就是二〇一一年三月的東日本大震災。

地震發生後過了一段時間，我才明白受災地的情況。被海嘯摧毀的建築、被沖走的車輛、崩毀的房子……

我心想，「如果是我的話，一定沒辦法活下去。只會感到絕望。」

在這種情況下，我清楚記得一幕畫面。那是訪問受災地居民的畫面。

一名男子徒手挖掘泥巴，撥開瓦礫。

「我的家人應該就埋在這底下。我得趕快找到他們才行。」

看到那一幕，我大受衝擊。

這名男子明明是處在這麼絕望的情況下，為什麼還能行動？

如果是我，會覺得難過又痛苦，一定會終日哭泣，無法起身，但為什麼這個人有辦法做到呢？

接著那個人說：

「因為我撿回了一命。我非得好好活下去不可。」

或許他家人都已亡故，他不可能沒感受到絕望。但他仍做自己能做的事。

這時，我第一次認真思考什麼是人生。

明明感到絕望、痛苦，處在如果是我，會覺得「這麼痛苦的人生，乾脆別活了」的狀況下，但這個人卻仍未放棄人生。

我也想和他一樣，當一個不管發生什麼事，都會告訴自己「我非得好好活下去不可」，咬緊牙關，向前邁進的人……！

這名男子和我不同的地方到底是什麼呢……

這時我找到的答案是「心靈」。

他沒有房子。

沒有車。

沒有工作。

沒錢。沒衣服。沒食物。

沒存摺。沒印鑑。沒存款。

沒人借錢給他，也沒有可證明自己身分的文件，什麼都沒有。

在這種情況下，為了活下去，他需要的是「心靈」，視「心靈」的存在方式而定，人可以變得積極，也能變得消極。

既然是這樣，那我希望能擁有積極向前的「心靈」……

現在我回顧當時的自己，得知當時我總是做一件事。

那就是「找尋不幸」。

有人看到路旁綻放的蒲公英就會覺得「幸福」，也有人坐擁數億的資產，卻仍覺得自己「不幸福」。有人找不到工作，覺得「不幸福」，也有人在演藝界表現活躍，卻選擇自殺。

不論是幸福，還是不幸，都沒有全世界共通的認知。當時我清楚明白一點，不論處在怎樣的狀況下，幸福或是不幸，全在自己的一念之間。

你如果現在覺得「不幸總是降臨在我身上」，那肯定是因為你都只看到不幸。只要改個觀點，就能減少不幸感。

跳脫不幸的三種思考方式

1 不去找不幸的事

覺得「我很不幸」的人，最擅長的就是找出不幸的事。

從日常生活中平凡無奇的一個場面中，也能找出不幸的原因。

想外出卻遇上下雨，就會說「我真是雨女」。

工作上犯了點小疏失，就說「我不管做什麼都搞砸」。

「看吧，果然。我就是這麼倒楣。」

總是只會發現負面的事。

想法或思考，就像大腦的習慣一樣。如同傳接球時要是使用錯誤的投球法，肩膀就會感到痠痛一樣，要是採用錯誤的思考方式，只會造成內心的損耗。

此外，最適合用來發現不幸事件的，就屬新聞報導了。

所有負面的資訊，每天都化為新聞播報。

雖然這也是我們生活中所需的資訊，但如果不能將事件或事故當作「單純的資訊」來處理，那就少看為妙。

某國的戰爭、日本的增稅、颱風帶來的災害，這都不是靠我們個人的努力所能阻止。

吸收資訊固然重要，但那始終都只是資訊，你的情感不同於資訊。

這裡說的並非只有電視節目。尤其是社群網站，那是某個地方的某人累積許多平日的牢騷和壓力的場所。

「原來不光只有我是這樣，太好了！」

如果會這麼想就還好，但要是無法適當地處理自己的情感，盡量少看也是一種方法。

就算你很擅長找出不幸，也得不到任何好處。

既然這樣，何不試著找出幸福呢？

2 「找尋慶幸」

用找尋慶幸的事，來取代找尋不幸的事，這叫做「找尋慶幸」。

我小學時看過一部電視卡通，裡頭的主角「小安娜」很擅長「找尋慶幸」。

擅長找尋不幸的人，平時就不會留意「慶幸」、「快樂」這類正向的事。

現在的我覺得「今天同樣迎接和平的早晨到來，真幸福」，對活在世上感到幸福，但原本我一直無法有這樣的想法，為此吃了不少苦頭。

請各位也試著像小安娜一樣「找尋慶幸」。

- 每天將覺得「慶幸」、「快樂」這類正向的事寫在紙上。
- 把紙折疊好，放進瓶中。

就這兩個步驟。秘訣在於睡前的放鬆時刻，要「找尋慶幸」。希望能找出三個感到慶幸的事，一開始就算只找到一個也無妨。

以前我請某位客戶這麼做，結果他告訴我「我連三樣覺得慶幸的事都沒有，都快哭了」。

比起勉強自己找出三樣慶幸的事，就算只找到一樣也沒關係，先從發掘開始做起吧。只要持續找尋，就會將注意力投向日常生活中的小事上，而覺得「啊，這個能寫進找尋慶幸中！」

有個心理學用語叫做「彩色浴效應」。意思是只要特別留意，許多資訊便會往我們聚集。

想買錢包時，自然會望向錢包，看別人用的都是何種類型的錢包，對吧？同樣的道理，只要留意「找尋慶幸的事」，就會發生好事逐漸往你身上聚集的現象。

等瓶子裝滿後，再打開它，重新看過一遍。

看「慶幸紀錄」時，可以重新回味「慶幸的事」，能感到心情愉悅，非常推薦。

3 改寫成見

每個人都會有「成見」。

「因為我是雨女，所以每次外出就會下雨。」

「如果沒大學畢業的話，就不能到知名企業上班。」

這種負面的成見，不過只是「個人的成見」，並非全世界共通的認知。妳和天氣根本沒半點關聯，而且很多人就算沒大學畢業，一樣在知名企業裡任職。

儘管如此，我們還是會有自己的成見。

成見稱之為「BELIEF」。

所謂的BELIEF，如果舉例的話，就像戴上有色眼鏡的狀態一樣。

如果戴黑色鏡片的眼鏡，世界看起來呈黑色，如果戴黃色鏡片的眼鏡，世界看起來就會呈黃色。

就像這樣，**對世界的看法、對現實的看待方式，會因為自己挑選佩戴的眼鏡顏色而有各種改變**。

如果現在我認為「我很不幸。被朋友背叛，我是個沒價值的人」，那就是戴上「我很不幸、被背叛、沒價值」這種鏡片的眼鏡來看這個世界。

如果看到路旁綻放的蒲公英，想由衷感到「幸福」的話，只要戴上這種鏡片的眼鏡就行了。

話雖如此，但在現實中無法取得這樣的眼鏡，所以必須靠自己來改變思考方式。

不過，活了幾十個年頭，不可能從某一天開始，就會完全改變自己的思考方式。

在這麼長的一段時間裡，它就如同和自己一同成長的分身一樣，就算揮手跟它說再見，猛然某個瞬間，它又會說一聲「我回來了」，再次出現。

那麼，BELIEF 該如何改寫才好呢？

這其實很簡單。

「因為我是雨女，所以出門總是下雨。」

如果妳這麼想，不如改為想成「那麼，為了讓雨中的外出變得有趣，就買把喜歡的傘吧」，將「下雨」這種負面的成見，改為正向吧。

「如果沒大學畢業，就無法在知名企業任職。」

如果你這麼想，就上網搜尋那些大學沒畢業，卻在知名企業任職的人。只要善用網路，很快就能發現這類的資訊。

要是發現自己有負面的成見，就要刻意找出正向的另一面。

就算很牽強，有點不太合理也沒關係。請試著一再反覆這麼做，直到你明白自己是多麼負面地看待事物，受不了這樣的自己為止。

雖然是自己會產生負面想法的事，但看在別人眼裡，卻覺得很正向，這也很常見。

看到杯子裡裝了半杯水的狀態，你會覺得「裡頭只有半杯水！怎麼辦！」

那也許是「成見」

還是「裡頭還有半杯水！真幸運！」呢？

我們可以自己決定這件事。

不管面對怎樣的事，我都會先說一句「很好啊！」

之前我指導在環球太太選美中登場的決賽選手們演說時，大部分人都說「我很容易緊張」、「我很不擅長在眾人面前說話」。

我聽了之後，馬上以笑臉回了一句「這樣啊！很好啊！」

每個人聽了之後，都露出訝異的表情。

當然了，因為是站在大舞臺上，在眾多觀眾面前演說，所以「容易緊張，不擅長在眾人面前說話」，不可能會「很好啊！」

但我刻意說了一句「很好啊！」

「這表示妳一緊張，腦中就會進入戰鬥模式！比起不專心的演說，妳應該能展開一場帶有緊張感的演說！要是能將觀眾也帶進這樣的氣氛中，那就成了妳的主場！就讓緊張成為妳的助力吧！」

說完後，大家便都採取積極正向的看法，認為「原來如此，只要採取這樣的想法就行了！」

不論面對怎樣的事，都先說一句「很好啊！」之後再來思考它之所以很好的理由。

一旦轉換正向成為習慣，原本負面的成見便會在不知不覺間消失。

Don't worry!

05

束縛我們的「應該、非這麼做不可的思考」

我們受到影響的事物

我們一直都受到「環境」和「反覆」的影響。

所謂的「環境」，是我們日常生活中擁有的習慣，由父母從小到大的教導累積而成。

「飯要吃完，別留剩飯。」

「睡前要刷牙。」

像這些就算是環境。

而所謂的「反覆」，則是和自己的對話。

聽說我們一天之內無意識中在腦內反覆說的話，超過六萬句。

此刻閱讀這本書的你，是不是也在腦中展開「差不多該休息一下了」、「好想喝咖啡」這類的對話呢？

因為一天多達六萬句以上，所以裡頭應該會有每天都會反覆說的話。

「好累、好煩。」

「真快樂、真開心。」

「好睏。不想做。想不幹了。」

「好！好好加油！」

如何？你每天都會反覆說哪些話呢？

我們無意識中在腦裡反覆說的話，是因為環境而造就出的習慣。

如果每天在腦中反覆說的都是對別人的抱怨和牢騷這類的負面話語，與反覆說的都是幸福、感謝這類的正向話語，哪個對大腦會帶來好的影響呢？

如果望著鏡子，每天想的都是「我長得真醜」，大腦就會自行解釋成「原來我長得很醜啊。ＯＫ。那我就先下達指令，讓自己一直醜下去！」

相反地，如果每天都想「我長得真好看」，大腦就會想「原來我長得很好看啊。ＯＫ，今後我也會繼續努力，讓自己繼續美下去！」而持續下達「讓自己變漂亮的指令」。

像這樣在腦中反覆出現的事，會不斷累積，就此形成「價值觀」。

什麼是價值觀

價值觀是自己所重視的思考方式。

價值觀因人而異，但遇到價值觀相近的人，我們會覺得「他了解我」、「我們談得來」。

我喜歡貓，所以我認為結婚對象最好也是愛貓人士。這是我對自己的婚姻抱持的價值觀之一。最後我果然是和愛貓的丈夫結婚，現在和三隻貓過著幸福的日子。

要是與「愛貓」的價值觀相反的人結婚，會變成怎樣？

就算我說「我想養貓」，但要是對方是擁有「我反對飼養生物」這種價值觀的人，可能會對婚姻生活展現極度的不滿吧。

價值觀是重要的思考方式要素。

一說到「價值觀」，感覺好像是很不錯的觀念，但其實也有「不好的價值觀」存在。那就是「應該、非這麼做不可的思考」。

「應該、非這麼做不可的思考」

在你擁有的價值觀下，覺得「應該這麼做」、「非……不可」的事是什麼呢？

應該和朋友打好關係

應該尊敬長輩
應該要溫柔待人
應該去上學
父母說的話非聽不可
看到有困難的人，非幫助他不可
非達成對方的期待不可
非得保持完美不可

包括我在內，許多人都稱這種價值觀為「應該、非這麼做不可的思考」。「應該、非這麼做不可的思考」是每個人無意識中都會擁有的思考，但這會限制自己的行動，也會成為壓力來源。

「我希望孩子去上學」

孩子拒絕上學或很不想上學，父母都有這樣的苦惱。

我問他們「為什麼希望孩子上學？」他們回答「因為應該上學」。

「因為義務教育有去上學的義務」

「至少也應該要高中畢業」

諸如此類，他們都採取「我希望孩子上學」這種「希望」的說話方式，但其實心裡抱持的是「他應該去」的這種「應該、非這麼做不可的思考」。

「應該、非這麼做不可的思考」限制了行動，所以只要是心裡覺得「他應該去」，就無法接受「讓他去上學」之外的選項。

就算不去上學，也有在家中自主學習的方法，例如上自由學校、線上上課，轉至通信制學校。

儘管如此，只要心裡想著「他應該去上學」，就不會去關注到校上學以外的方法，自己束縛自己，最後為此所苦。

「我想一直保持名列前茅的成績」

也有很認真念書的孩子。

如果成績名列前茅，就能獲得周遭人的信賴，日後參加考試時，也比較有機會獲得校內推薦。

如果喜歡念書，且樂在其中，那就沒問題，但如果鑽牛角尖，老想著「我非得始終都保持名列前茅不可」，那就會出問題了。

成績始終都是用分數這樣的數字來評價自己的努力成果。由於透過了視覺化，所以會覺得有成就感。

但身體出狀況、遇上不擅長的領域、考題太難，以致得分不如預期，這種情況當然也會發生。

這時，要是認為「我非得始終保持名列前茅才行」，便沒辦法接受無法達成目標的自己。

就算達成了目標，也會一直對接連到來的考試感到緊張，無論如何，都會在沉重的壓力下耗損自己的精神。

我以前曾向《我生為男人，後來成為女人，還和人結婚。》（日本文藝社）的作者吉井奈奈小姐問過這樣的問題。

「奈奈小姐，妳總是這麼開朗、正向、迷人。我也想和妳一樣，但我要怎麼做，才能像妳一樣積極正向呢？」

結果奈奈小姐一臉認真地望著我反問道：

「……為什麼一直都得開朗又積極正向不可呢？」

我滿心以為奈奈小姐會回我一句「謝謝！我積極正向的秘訣是……」告訴我她的生活態度和思考方式，這結果令我大感吃驚。

奈奈小姐見我為之語塞，說不出話來，她接著說：

「妳認為『做人就應該要時時保持開朗、積極正向』對吧。那樣太痛苦了。」

我當時覺得很難為情，低下頭去。

接著淚水奪眶而出。

「我希望能時時保持開朗、積極正向。所以要留意保持笑容。」

這樣的價值觀在不知不覺間變成了

「時時都非得保持笑容不可」

我這時候才發現這點。

雖然乍聽之下積極正向，但那其實是以「非得保持笑容不可」來束縛自己，無法接受沒有笑容的自己。

遇到悲傷的事，大可流淚，遇上討厭的事，大可生氣。

如果忽視自己內心真正的感受，便會真切感受到自己在不知不覺間精神一點一滴地損耗。

話說，這種「應該、非這麼做不可的思考」，是生長的「環境」和日常的「反覆」造就的「成見」。

只要稍微改變一下成見，對事物的看法就會有很大的不同，而能從負面思考轉變成正向思考。

如何停止「應該、非這麼做不可的思考」

「應該、非這麼做不可的思考」，也蔓延到平常生活中的一些瑣事上，但要停止這種思考其實很簡單。

就只是將「非……不可」、「應該」改成「要這麼做也行，不這麼做也可以」。

- 應該和朋友和睦相處
  ↓最好和朋友和睦相處，但就算相處不睦也沒關係
- 應該尊敬長輩
  ↓尊敬長輩比較好，但不尊敬也沒關係

• 應該要溫柔待人
↓溫柔待人比較好，但就算不溫柔也沒關係
• 應該要上學
↓上學比較好，但就算不上學也沒關係
• 父母說的話非聽不可
↓最好要聽父母說的話，但就算不聽也沒關係
• 看到別人有困難，非出手幫忙不可
↓看到別人有困難，最好出手幫忙，但就算不幫忙也沒關係
• 非得達成期望不可
↓達成期望也不錯，沒能達成也沒關係
• 非得保持完美不可
↓保持完美也不錯，不夠完美也沒關係

如何，這樣心情是不是舒暢許多呢。

我們覺得「非……不可」的事，其實「能做到也不錯，但就算沒做到也沒關係」，怎樣都行。

我們所想的「應該、非……不可」，會因為當時的狀況而有很大的改變，這也是很常見的事。

話雖如此，似乎還是有人會說「我要是能做到的話，就不會這麼辛苦了！」

因此，在此介紹該如何停止「應該、非這麼做不可的思考」的具體做法。

拋卻堅持

各位是否有一些小堅持呢？

例如：

「早上我一定要在星巴克喝咖啡。」

「除了我喜歡的洗髮精外，一概不用。」

「我要是睡前不做瑜伽的話，就睡不好。」

平時要是留意觀察自己的話，就能發現許多像這樣的小堅持。

要將這些堅持改變成「能那樣做也不錯，但如果沒辦法或許也行」。

「早上在星巴克喝咖啡是我的堅持。不過，喝超商的咖啡或許也行。」

「我想用自己喜歡的洗髮精，但如果沒有，用別的洗髮精或許也行。」

「我睡前做瑜伽會睡得好，但有時也會沒辦法做。」

一定要在星巴克喝咖啡，一旦成了堅持，要是哪天星巴克暫停營業，一定會很失望。

要是只想用自己喜歡的洗髮精，哪天沒有這款洗髮精，就會提不起幹勁。

要是睡前沒練瑜伽，就會睡不好，半夜醒來。

所謂的堅持，有「徹底追求事物，絕不妥協」的意思，所以聽起來很帥氣。

「對素材相當堅持的傑作」，要是加上像這樣的宣傳文句，感覺產品馬上升級不少。

但另一方面，這也會是束縛自己的原因。

不同的人，有不同程度的堅持，所以一下子突然就要將原本看重的堅持改成「不是這樣也沒關係」，有其困難。

因此，一開始要先從小事物做起，從小到稱不上堅持的事物開始嘗試吧。

搭電車總是坐固定位置的人，如果今天能坐到算幸運。要是坐不到，坐別的座位也ＯＫ。

總是用固定杯子的人，就算用不同的杯子也ＯＫ。

就像這樣，慢慢從小事做起，讓自己覺得ＯＫ的範圍變得愈來愈廣。

這麼一來，對於過去覺得不可能改變的堅持，也能改為抱持柔軟的態度，心想：

「這改換成別的也沒關係」。

Don't worry!

06

自己的人生，全都是自己決定的結果所構成

自責思考與他責思考，你會選哪一個？

「自己的人生除了幼年期外，全都是自己決定的結果所構成」

知道有這種思考方式時，我大受震撼。

「這不可能！也有許多事是不得不這麼做！」

心中發出反駁。

各位看了這句話，有什麼感想？

「其實我想一個人生活，但因為父母反對，所以才住在老家。」

以前我曾經這麼想過。

升大學時，父母對我說「就選一間可以從家裡通勤的大學吧」。

因為「父母不許我在外獨自生活」，所以我得從家中花兩個半小時的時間通勤上大學。每天往返就花了五個小時，相當疲憊。

就算和朋友一起玩樂，往往也都只有我會說「因為我家住得遠」，而得早點回家。

挑選打工的工作，也「因為離家遠」而受限。

再加上疲憊，我老是將「都是因為爸媽說不行的關係」這句話掛嘴邊，每天開口說的全是不滿和抱怨，這也是因為我「『決定』聽從父母」造成的結果。

如果我在外獨自生活的話，既不會喪命，世界也不會因此毀滅。我應該可以力抗父母的反對，獨自生活才對。

是我將自己決定的事怪罪到父母頭上。

「不是我不好，是對方的錯」的這種思考方式，稱作「**他責思考**」。

「輸了比賽，都是裁判的錯。」
「我英語之所以學不好，是因為老師不會教。」
「這件客訴，是因為顧客理解力差。」
「之所以會覺得悲慘，是因為沒生在富裕之家。」
「我之所以會這麼不幸，都是因為國家的制度太差。」

像這種他責思考，會覺得「自己一點都沒錯」，所以是最適合用來保護自己內心的思考方式。過錯怪罪到別人身上，會心情舒坦，也比較輕鬆。

可是結果會受周遭人或環境左右，所以無法產生想靠自己努力的想法。也就是不會有所成長。

樺澤紫苑醫生在他的著作《精神科醫師教你可以治病的情感控制術》（あさ出版）中也提到，這種他責思考所造就的壞話，會成為精神疾病的原因。

與這種他責思考相反的思考方式，是「**自責思考**」。

「輸了比賽，是因為我努力不夠所造成。」

「會有客訴，是因為我說明得不夠充分。」

就像這樣，是種認為一切事物的原因和責任全都在自己身上的思考方式。

如果是自責思考，就會心想「那麼，我該怎麼做才會贏呢，我來研究看看吧」或是「為了避免下次又有人客訴，我要仔細說明清楚」，找尋解決之道。努力和經驗一再累積，就此促成成長。

從他責思考切換成自責思考的方法很簡單。

就只是自己刻意去意識到這點。

他責思考已成為習慣的人，也許一開始就連自己常「怪罪到別人頭上」都很難發現，就算發現了，恐怕也無法接受。

其實，「承認自己有他責思考」是最大的難關。

只要接受它，承認它，再來便是時時留意「啊，我又採取他責思考了」，然後告訴自己「這也是我自己決定的事」、「如果原因是出在我自己身上，會是什麼原因呢」重新思考，這樣就行了。

第一步是「了解做法」

一旦因別人說自己壞話，而感到不愉快，之後無論如何都想不出快樂的事或是積極正向的事對吧。

這是因人們的情感而發生的一種理所當然的現象，稱作「情緒一致效應」。

心情好的時候，從自己周遭發生的現象中，更能看到好的部分，而心情差的時候，則更能看到壞的部分。

梅雨時節，雨下不停，接連都是潮溼昏暗的日子，讓人心情變得憂鬱，但這也與「情緒一致效應」有關。

因為這種「情緒一致效應」的緣故，一旦有人說自己壞話，就會心情沮喪，而心想：

「啊，外面下大雨。就連天氣也跟我作對。」

「我喜歡的杯子破了。就像在對我說，妳這個人一點價值也沒有。」

「路過的人撞到了我。我這個人會引來別人的惡意。」

就連毫無關聯的事，也會往自己的情感靠攏，而自己編出一套故事來。

但我們是擁有知性和智能的人，一定擁有能自己去改變情緒的能力。**發生討厭的事情時，自己是要「沮喪」、「上緊發條好好努力」，還是「完全不去在意」，都能自己去選擇。**我這樣說，一定有人會說「這種事不可能辦到」、「如果能做到的話，就不會這麼辛苦了」不過，有這種想法的人只是不知道做法而已。

小時候看別人騎腳踏車，是不是覺得自己一定不會騎？

之所以會騎腳踏車，是因為懂得騎車的方法。

儘管別人說自己壞話，也毫不在意的人，就只是他們懂得「不去在意」的技巧。

改變自己的第一步，就是了解做法。

了解話語的種類

話語可分成受周遭人影響的話語，以及影響周遭人的話語。

受周遭人影響的話語如下：

「我也沒辦法」

「因為那不算是我負責的工作……」

「那種事我辦不到……」

「不管怎麼做都是白費力氣」

「如果是○○的話就好了，只可惜……」

影響周遭人的話語：

「想想能做到的方法吧」

「試著找尋解決辦法吧」

「我來做○○」

「在知道那是白費力氣的時間點，就不算是白費力氣。」

我們的大腦會想證明我們說的話正確無誤。

「不管做什麼都白費力氣」

要是說出這樣的話，就會想證明它是對的，所以只會發生讓人覺得是白費力氣的事。

相反地，要是說：

「不管做什麼都會順利的」

大腦就會想證明它是對的，所以只會發生順利的事。

一開始得知這個概念時，我心想「這是騙人的」、「是一種可疑的心靈想法」，對它抱持負面的看法。

但每本書都這麼寫，所以我就當自己讓它騙一回，加以嘗試，結果事情真的就像我自己說的一樣順利進行，令我吃驚。

就像日本有所謂的「言靈」一樣，**話語有它的力量**。

改變話語

發生不利的事情時，你會不會刻意說一些讓自己能接受的話呢？

「既然這樣，那也是沒辦法的事。」

「如果是那樣就好了，可惜不是。」

以這些話當口頭禪的人，往往都很「被動」。

別總是採取「等候」的態度，試著將它改成自己主動產生影響力的話語吧。

舉例來說，你和朋友約好九點見面。

很不巧，從你家到約見面的場所交通不便，會花不少時間。

你原本提議十點約見面，但被朋友否決，改為九點。

最後你果然遲到了。要是被迫久候的朋友生氣地對你說「你真慢！」你會怎麼說？

「你這樣說，我也沒辦法啊……」

「要讓他消氣嗎，真麻煩……」

是否腦中會先冒出像這樣的負面情感呢？

如果將這種負面情感直接說出口，就成了他責思考。

不要直接說出口，而是先承認心中冒出的情感，之後在心裡暗自低語「冷靜下來。別太情緒化。」

「所以我才說要約十點啊……」

或許會很想這麼說，但還是試著改說成「下次我會早一點出門」。

如果你很想回一句「你自己不也是會遲到。用不著這麼生氣吧」，不妨在心裡說：

「我就算被迫得等人，也都不會生氣。」

就像這樣，只要改個話語，心情就會隨之改變，說來也真不可思議。

掌握自己能做到的事，和不能做到的事

話雖如此，並非只要以話語說出，就一切事都能實現。

「希望日本的領土能全部歸我所有」

「希望取消消費稅」

像這種事，就算一天說個上百回也不會實現吧。

事情分為三種，分別是「自己能做到的事」、「自己不能做到，但有人能

做到的事」、「自己無法掌控的事」。

第一件事「自己能做到的事」，是藉由自己採取的行動，能影響某人，或是產生某種變化的事。

「我想瘦！」如果你這麼想，就會開始減肥對吧。就算別人代替你減肥，你也不會因此變瘦。

念書和運動，也都是自己有所行動後才能擁有。

我每天都盡可能展開二十分鐘左右的「晨間健走」，但健走的路線有許多垃圾。因為是每日都會走的路，所以覺得在意。

雖是當地人頻繁通行的道路，但看起來垃圾都沒人整理。

我拿出勇氣，趁健走時順便撿垃圾。

我試著執行「自己做得到的事」。

垃圾好多、沒人撿、亂丟垃圾的傢伙真差勁……與其抱怨這些，還不如自己起而行比較快。

從那之後，只要一有問題，我就會心想「面對這個問題，我能做的是什麼呢」，養成這樣思考的習慣。

第二件事「自己不能做到，但有人能做到的事」，是藉由影響別人，能間接掌控的事。

以垃圾的問題來說，那些丟垃圾的人，我無法改變他們的意識。就算逮住對方，說教一番，對方恐怕只會換個地方繼續丟垃圾。

但看到我撿垃圾的模樣後，他或許會心想「撿垃圾看起來很辛苦，我以後還是別亂丟吧」。

此外，其他人看到我撿垃圾的模樣，可能會心想「她一個人撿實在太可憐了，我也來撿垃圾吧」，而出手幫助。

我無法指示別人展開行動，但能像這樣為別人帶來影響。

至於第三件事「自己無法掌控的事」，指的是天氣、外交問題之類的事。期待已久的旅行就算遇上了颱風，我們也無法靠念力將颱風吹走，或是請誰將颱風撲滅。

而外交問題或政治，當然也不在我們能產生影響力的範疇內。因為我們能參與的，頂多就只有投票而已。

因為它能產生影響的範圍因人而異，所以如果是政治人物的話，「自己能做的事」當然也就大得多，例如像連署活動，就是「雖然自己無法改變，但能帶來影響」。

自己無法掌控的問題，請告訴自己「不管想再多，我一樣無能為力」，作出決定。

藉由決定，可以避免被感情牽著走而身心俱疲。

情緒穩定了，就容易著眼在積極正向的事物上，生活也會過得輕鬆自在。

Column 4

與每十次一定會出現一次的史萊姆展開同樣的戰鬥，也只能得到極少的經驗值

樺澤紫苑

這是YOUTUBE「精神科醫師樺澤紫苑的樺頻道」裡說過的話。

身為精神科醫師，同時也是暢銷作家的樺澤紫苑醫生，在YOUTUBE上也常發布與心理有關的各種資訊，在二〇二三年十二月的此刻，已擁有四十八萬人的傲人頻道訂閱人數。

每天都有許多人向樺澤醫生提問，大多是人際關係相關的諮詢。當中因為別人說自己壞話的這些惡意行徑，而不知如何應對，為此深感苦惱的

人特別多。

因此，樺澤醫生說，那些對自己投射惡意的人，「就像史萊姆一樣」。

史萊姆指的原本是一種黏答答的物質，後來因為在人氣RPG電玩遊戲《勇者鬥惡龍》中以怪物的身分登場，而成了廣為人知的角色。

玩《勇者鬥惡龍》時，最先遇上的怪物就是史萊姆了。牠的知名度相當高，就連沒玩電玩的人也知道牠，但牠同時也是最弱的怪物。

因為是最弱的怪物，所以就算是遊戲的菜鳥玩家，要打倒史萊姆也不是什麼難事。因此，打倒這種怪物後能得到的經驗值也少得可憐。

這種怪物雖然很常遇上，卻沒多大用處，所以在「雖然弱，卻很煩人」的含意下，被分類為「嘍囉角色」。

玩過電玩的人應該一看就懂。隨著等級不斷提升，遇上牠時，心裡想「啊，又是史萊姆……」那種不堪其擾的心情。

說你壞話的人，就跟嘍囉角色史萊姆一樣。到處都有，儘管與牠戰鬥，也得不到什麼好處，與其周旋只是白白浪費時間罷了。

有一種說法叫「1：7：2法則」。

它的意思是，十個人當中，有一個人討厭你，七個人沒特別感覺，剩下的兩人則是站在你這邊。

不論去到哪個職場、哪個社群，一定都會遵照這個法則，有一定數量的人會說你壞話，對你懷有惡意，亦即「討厭你的人」。不可能每個人都喜歡你。

「在人際關係上發生討厭的事」

有人因為這樣而改換職場或社群，但就像這個法則所說的，來到下一個地方，一定還是會有攻擊你的人出現。

就算一一和討厭你的人交手，但對方是嘍囉角色史萊姆，所以你不會獲得足以令你成長的經驗值。

雖然機率不高，但有時也會碰巧遇上「史萊姆會心的一擊」，而遭受重創。被嘍囉角色史萊姆打敗，會覺得很不甘心吧？

那些攻擊你的人，最好別和他們扯上關係。

「哇，是嘍囉角色史萊姆。對付他太費事了。只是白白浪費時間，不理他。」

這樣就行了。不必戰鬥，直接不予理會吧。

不予理會和逃走不一樣。就算對方跟人說「那傢伙夾著尾巴逃走」，說你壞話，但因為對方是史萊姆，所以完全不必在意「史萊姆說的壞話」。

不過，十個人當中就算只有一人，但終究還是有人討厭自己，或許有人會覺得難過。這樣的人請不要將著眼點放在1：7：2法則裡的那一個人，而是要放在另外那兩個人。

別忘了，站在你這邊的人，是討厭你的人的兩倍。

Column 5

學生會因為講老師的壞話聊得熱絡，慢慢變成「夥伴」。這是用來迅速拉近關係的道具，所以最後大部分人都參與說老師壞話。

岡田斗司夫

在《朝日新聞》連載，大獲好評的人生諮詢專欄「煩惱大熔爐」中，一名國三女生提出了「為了不讓別人說我壞話，我該怎麼做才好」這樣的詢問。

對此，評論家岡田斗司夫先生回答道「壞話是用來拉近關係的道具」。

舉例來說，每到新學期，就會換新的班級、新的導師對吧。

這時，許多學生會對自己周遭的環境變化感到不安。

「我會和大家處得好嗎？」

「我會不會被霸凌？」

在這樣的心情下，要結交朋友或是夥伴，需要以下兩點。

①建立共同目標

②建立共同敵人

也就是說，人們會說別人壞話，與其說是因為對對方抱持惡意，不如說是為了結交朋友或夥伴。

要建立①的共同目標，如果身分是學生，目標就是校慶或運動會。如果身分是社會人士，則是像團隊的目標或公司的方針等等，在對周遭環境有一定程度的熟悉後舉辦的活動中，能慢慢建立這樣的「共同目標」。

藉由和眾人一起建立「共同目標」，能產生自己屬於這裡的感覺。

不過，新學期還沒發生這類的活動，而且是處於新環境才剛開始的階段，這時候建立「共同敵人」比較能迅速和人打成一片。

以岡田先生的想法來說，所謂的壞話，單純來想的話，其實是學生們一起說導師壞話，以此炒熱氣氛，培養同伴意識。

在班級這樣的小單位裡，之所以容易發生霸凌，可說是因為建立「共同敵人」，培養「同伴意識」的緣故。

在許多LINE的群組裡，要是有某個人特別顯眼，他馬上便會成為「LINE的暗黑群組」裡眾人說壞話的目標。

這也是因為建立「共同敵人」，培養「同伴意識」的緣故。

這麼想的話，會不會覺得有人說你壞話，其實也沒什麼好沮喪的呢？想到大家為了與人有所聯繫，和周遭人打好關係，這麼賣力，就覺得有點蠢。

「明明可以用不同的方法來培養同伴意識啊！」

甚至心裡會這麼想，不過，每個人都曾經因為說別人壞話，而產生大家同是一國的奇妙感覺，或是有一種連帶感。

因此，就算別人說你壞話，也別覺得「我真沒用……」而心情沮喪，你反而要告訴自己「我和周遭人有緊密的關聯！在培養同伴意識上，我也扮演了某個角色！」往積極正向的層面去思考吧。

國家圖書館出版品預行編目資料

不過就是一隻狗在吠：被人「說壞話」也不在意的思考方式／堀素子 著；高詹燦 譯. -- 初版. -- 臺北市：平安文化有限公司，2025. 7 --（平安叢書；第 855 種）(Upward；183)
譯自：悪口を言われても気にしない人の考え方

ISBN 978-626-7650-58-5（平裝）

1.CST: 生活指導　2.CST: 心理衛生

177.2　　114007964

平安叢書第 0855 種
UPWARD 183

不過就是一隻狗在吠

被人「說壞話」也不在意的思考方式

悪口を言われても気にしない人の考え方

作　　者—堀素子
譯　　者—高詹燦
發 行 人—平　雲
出版發行—平安文化有限公司
臺北市敦化北路120巷50號
電話◎02-27168888
郵撥帳號◎18420815號
皇冠出版社(香港)有限公司
香港銅鑼灣道180號百樂商業中心
19字樓1903室
電話◎2529-1778　傳真◎2527-0904
總 編 輯—許婷婷
副總編輯—平　靜
責任編輯—張懿祥
美術設計—Dinner Illustration、黃鳳君
行銷企劃—鄭雅方

著作完成日期—2024年
初版一刷日期—2025年7月
初版二刷日期—2025年8月
法律顧問—王惠光律師

讀者服務傳真專線◎02-27150507
電腦編號◎425183
ISBN◎978-626-7650-58-5
Printed in Taiwan
本書定價◎新臺幣380元/港幣127元